통通성경학교 STEP 3

성경 줄기

Tong story line

성경 줄기

초 판 1쇄 발행 2015년 8월 31일
5쇄 발행 2019년 10월 11일

지은이 · 조병호
펴낸곳 · 도서출판 **통독원**
디자인 · 전민영

주소 · 서울시 강남구 선릉로 806
전화 · 02)525-7794
팩 스 · 02)587-7794
홈페이지 · www.tongbooks.com
등록 · 제22-2766호(2005.6.27)

ISBN 978-89-92247-91-7 03230

통通성경학교 STEP 3

성경 줄기

Tong story line

조병호 지음

통독원

들어가면서

나무의 줄기들은 기둥이 되어 집을 짓는 데
큰 재목들이 됩니다.
마찬가지로 성경의 줄기들도
성경의 수많은 이야기들을 이루는 힘있는
큰 재목들입니다.

우리 몸의 마디마디들이
우리를 걷게도 하고 뛰게도 하고 유연하게도 하듯이
성경의 7개의 트랙(모세5경, 왕정 500년, 페르시아 7권,
중간사 400년, 4복음서, 사도행전 30년, 공동서신 9권)과
성경 줄기 40개는 하나님의 말씀을 걷게 하고 뛰게 하며
생동감 넘치게 살아 숨 쉬게 할 것입니다.

성경 전체를 40개의 줄기로 공부하는 큰 기쁨에
여러분을 초대합니다.

가평 통독원에서

목차

1. 모세5경 _ 11

1) 원역사 – 모든 것의 시작 (창 1-11장)
2) 족장사 – 아브라함, 이삭, 야곱 (창 12-36장)
3) 입(入)애굽과 민족 – 지도자 요셉 (창 37-50장)
4) 출(出)애굽과 제국 – 지도자 모세 (출 1-18장)
5) 세계 선교의 꿈, 제사장 나라
– 제사장 나라 틀(언약궤 만듦) (출 19-40장)
6) 거룩한 시민학교 교과서 – 제사장 나라 교과서 (레)
7) 만나세대– 제사장 나라 학교 (민)
8) 만나학교 졸업 – 제사장 나라 학교 졸업 (신)
9) 약속의 땅 입성 – 졸업생 성공 사례 (수)
10) 사사들이 다스리던 시기
– 졸업생 자녀 교육 실패 사례 (삿)
11) 교육의 성공 사례 – 졸업생 자녀 교육 성공 사례 (룻)

2. 왕정 500년 _ 57

12) 미스바세대 – 사무엘의 설득 (삼상 1-7장)

13) 왕정의 시작 – 최초의 왕 사울 (삼상 8-31장)

14) 하나님의 종 다윗 – 다윗 (삼하, 왕상 1-2장)

15) 솔로몬과 시가서 – 솔로몬 (왕상 3-11장, 잠, 아, 전, 욥, 시)

16) 남북 분열 왕조 – 분단 200년 (왕상 12-22장, 왕하 1-14장, 암, 호, 욘)

17) 북이스라엘 멸망 – 사마리아인 시작 (왕하 15-20장, 사, 미)

18) 남유다 멸망 – 마지막 왕 시드기야 (왕하 21-23장, 습, 합, 니, 욜)

19) 삼깐의 징계
– 예레미야의 설득 (왕하 24-25장, 렘, 애, 옵, 대상, 대하)

3. 페르시아 7권 _ 91

20) 포로민 설득 – 에스겔 (겔)

21) 제국 변동의 밑그림 – 다니엘 (단)

22) 성전 재건 – 스룹바벨 총독 (스, 학, 슥, 에)

23) 성벽 재건 – 느헤미야 총독 (느)

24) 고백과 침묵 – 1,500년 사랑 고백 (말)

4. 중간사 400년 _ 113

25) 헬라 제국과 중간사 - 수전절 시작

26) 로마 제국과 중간사 - 분봉 왕 시작

5. 4복음서 _ 121

27) 예수님의 탄생 - 기쁨을 위한 탄생 (마)

28) 공생애 3년 - 한 영혼 사랑 (막)

29) 마지막 일주일 - 용서를 향한 열정 (눅)

30) 십자가 승리, 하나님 나라 - 영광과 평화로의 초대 (요)

6. 사도행전 30년 _ 139

31) 열리는 제자 시대 - 그리스도인의 시작 (행 1-12장)

32) 바울의 1차 전도여행

- 샘플, 바울의 전도여행 (행 13-15:35)

33) 바울의 2차 전도여행

- 샘플, 바울의 전도여행 (행 15:36-18:22, 살전, 살후, 갈)

34) 바울의 3차 전도여행

- 샘플, 바울의 전도여행 (행 18:23-19장, 고전, 고후)

35) 바울의 예루살렘 여행
- 샘플, 바울의 전노여행 (행 20-26장, 롬)
36) 교회론과 사랑의 편지 - 바울의 편지들 (행 27-28장, 엡, 빌)
37) 기독론과 기적의 편지 - 바울의 편지들 (골, 몬)
38) 믿음의 아들에게 남긴 편지
- 바울의 편지들 (딤전, 딛, 딤후)

7. 공동서신 9권 _ 171
39) 선한 싸움을 위한 편지
- 선한 싸움 / No 악한 싸움 (히, 약, 벧전, 벧후, 유)
40) 최후 승리의 노래
- 최후 승리 확신 / No 의심 (요일, 요이, 요삼, 계)

1

모세5경

Pentateuch

"한 민족과 모든 민족"

1. 원역사
"모든 것의 시작"

창 1–11장

성경의 첫 번째 책인 창세기는 1장에서 11장까지의 〈원역사〉와, 12장에서 50장까지의 〈족장사〉로 크게 두 부분으로 구분할 수 있습니다. 먼저 '원역사'(Pre- History)는 말 그대로 '역사 이전의 역사'를 말합니다. 하나님의 창조와 인간의 범죄, 노아 홍수, 바벨탑 사건 등을 기록한 것을 원역사라고 하는데, 이때의 역사는 일반 역사처럼 일목요연하게 시대순으로 정리할 수는 없습니다. 그래서 창세기 1장에서 11장까지는 역사 이전의 역사라고 말합니다.

모든 것의 시작인 〈원역사〉는 크게 6개의 줄기로 나누어 살펴볼 수 있습니다.

① 천지창조
② 인간의 범죄와 하나님의 용서
③ 가인과 아벨
④ 노아 홍수 - 하나님의 눈물
⑤ 족보- 약속의 성취
⑥ 바벨탑 사건

'천지창조'는 창세기 1장을 한마디로 정리한 것입니다. 성경의 첫 번째 책인 창세기의 첫 이야기는 다름 아닌 창조주 하나님의 온 우주 만물 창조 이야기입니다. 하나님께서는 6일 동안 온 우주 만물과 하나님의 형상을 닮은 인간을 창조하고 기뻐하셨는데, 특히 6일째 되는 날에 인간을 만드시고 가장 크게 기뻐하셨다는 것이 성경의 기록입니다. 그리고 하나님께서는 7일째 되는 날을 복 주시고 그날에 안식하셨습니다. 6일 동안은 일하고 7일째에는 하나님께서 복 주신 날을 기념하는, '1주일'의 개념이 이미 창세기 1장에서 정해졌습니다.

하나님께서는 하나님의 형상을 닮은 인간을 창조하시고 가장 크게 기뻐하셨는데, 창세기 2장을 지나 3장에서는 벌써 그 인간들(아담과 하와)이 죄지은 이야기가 기록되어 있습니다. 공의의 하나님 앞에 죄의 대가는 사망입니다. 그럼에도 불구하고 하나님께서 인간들을 용서하시는 이야기가 성경 첫 번째 책인 창세기에서부터 기록되어 있습니다. 공의의 하나님의 말로 다할 수 없는 놀라운 사랑이 이미 창세기의 원 역사에서부터 시작되고 있는 것입니다.

창세기 4장과 5장은 아담과 하와의 아들들인 가인과 아벨, 그리고 아벨을 대신한 아들인 셋의 후손들에 관한 이야기가 기록되어 있습니다. 그리고 창세기 6장에서는 안타깝게도 하나님의 '한탄'이 기록되어 있습니다. 창세기 1장에서 기뻐하셨던 하나님의 마음과 달리, 창세기 6장에서는 하나님께서 땅위에 사람 지으신 것을 후회하실 정도로 마음이 상하셨다는 사실이 나타나 있는 것입니다.

결국 하나님께는 노아 시대에 노아의 여덟 식구를 제외하고 땅위에 모든 사람들을 홍수로 다 심판하셨습니다. 홍수의 그 많은 물들은 아마 하나님의 아프고 아프셨던 눈물이었을 것입니다. 홍수 후 하나님께서는 노아에게 약속하셨던 "생육하고 번성하라."라고 말씀하셨던 그 언약을 지키십니다. 그 약속의 성취가 바로 창세기 10장의 족보입니다.

창세기 11장은 바벨탑 이야기입니다. 온 세상의 인간의 언어가 달라진 원인은 바로 인간의 교만함 때문이었습니다. 원역사에서는 무엇보다도 하나님의 마음을 놓치지 않아야 합니다.

2. 족장사

"아브라함, 이삭, 야곱"

창 12-36장

이스라엘 족장들의 역사를 다룬 〈족장사〉는 창세기 12장에서부터 50장까지 아브라함, 이삭, 야곱, 그리고 요셉의 이야기입니다. 요셉은 입애굽의 지도자로 이어지는 다음 과에서 다룰 것이고, 이 과에서는 아브라함과 이삭과 야곱을 살펴볼 것입니다.

아브라함과 아브라함의 아들 이삭, 그리고 이삭의 아들 야곱에 관한 이야기 〈족장사〉를 크게 7개의 줄기로 살펴보면 다음과 같습니다.

① 갈대아 우르에서 가나안으로

② 이삭을 번제로 바치라 – 하나님의 친구
③ 막벨라 굴에 묻힌 아브라함과 사라
④ 순종과 양보의 사람 이삭
⑤ 야곱과 에서의 갈등
⑥ 야곱의 하란 생활
⑦ 고향으로 돌아온 야곱

하나님께서 '모든 민족'을 사랑하시기 위해 한 사람을 주목하셨는데 그가 바로 아브라함이었습니다. 하나님께서는 아브라함을 선택하시고, 그에게 고향과 친척과 아버지의 집을 떠나 하나님께서 지시하시는 땅으로 가라고 말씀하셨습니다. 그러자 놀랍게도 아브라함이 하나님을 알게 되고, 하나님을 믿고, 하나님의 말씀에 순종해 갈대아 우르를 떠나 가나안으로 이주했습니다.

가나안에서 하나님께서는 아브라함이 정말로 '모든 민족'을 위한 하나님의 동역자가 될 수 있는지 마지막으로 시험하셨는데, 그것이 바로 아브라함이 100세에 얻은 아들 이삭을 모리아 산에서 번제로 바치라고 하신 것입니다. 그런데 아브라함이 하나님의 그 요구까지도 순종하고 아들을 하나님께 바치려고 했습니다.

하나님께서는 아브라함의 순종으로 말미암아 정말 기뻐하셨습니다. 하나님의 요구에 대해 그 내용을 따지는 것이 아니라, 요구하시는 분이 하나님이시라는 사실에 집중한 아브라함 때문에 하나님께서 감동하셨던 것입니다. 그래서 하나님께서는 큰 소리로 "아브라함아 아브라함아."라고 아브라함을 급히 부르시면서 아들의 심장을 향해 칼끝을 겨누고 있던 아브라함을 저지시키셨습니다. 그리고 아브라함과 아브라함의 아들 이삭으로 하여금 그 자리에서 '여호와 이레' (여호와의 산에서 준비되리라)의 하나님을 경험하게 하셨습니다.

아브라함은 하나님께 아들을 바치려 했으나 결과적으로는 아들을 살렸습니다. 그러나 하나님께서는 2,000년 후에 아브라함의 후손들과 하나님께서 사랑하는 모든 민족을 위해 정말로 자신의 아들을 죽기까지 내어주셨습니다. 하나님께서는 서로를 위해 아들까지도 내어주는 경험을 공유한 아브라함을 '벗' 이라고 말씀하셨습니다.

이후 아브라함과 아브라함의 아내 사라는 죽어 가나안 막벨라 굴에 장사되고, 아브라함의 아들 이삭이 아버지의 뒤를 잇습니다. 이삭은 그의 아버지 아브라함이 하나님께 끝까지 순종했던 것을 본받아 애굽으로 내려가지 말라고 하신 하나님의 말씀에 순종했습니다.

그리고 그랄 땅에 그대로 머물면서 척박한 땅에 씨앗을 뿌렸습니다. 그 결과, 흉년에도 100배의 소출을 거두어 거부가 됩니다. 이삭은 리브가와 결혼하여 에서와 야곱을 낳아 길렀습니다. 그리니 야곱은 팥죽 한 그릇으로 형 에서의 장자권을 빼앗은 사건과 아버지를 속여 형 대신 장자의 축복을 받아 내는 등의 형과의 심한 갈등으로 결국 형을 피해 하란으로 도망치게 됩니다. 그리고 하란에서 오랜 세월을 보낸 후 야곱은 다시 그의 가족을 이끌고 가나안으로 돌아와 할아버지 아브라함과 아버지 이삭의 뒤를 잇습니다.

3. 입(入)애굽과 민족

"지도자 요셉"

창 37-50장

야곱은 형을 피해 도망한 하란의 외삼촌댁에서 혼인도 하고 12명의 아들과 한 명의 딸을 낳아 대가족을 이룹니다. 그 가족들을 모두 이끌고 가나안으로 다시 돌아온 야곱은 형 에서와의 오랜 갈등은 해결하지만, 12명의 아들 가운데 11번째 아들 요셉을 편애함으로 가족 사이에 씻지 못할 큰 갈등을 만들었습니다.

야곱의 아들들은 아버지 야곱이 요셉을 편애하는 일에 대한 불만으로 어느 날 요셉을 미디안 상인들에게 팔아넘기고, 아버지에게는 요셉이 짐승에게 물려죽은 것 같다고 말했습니다. 야곱은 요셉을 잃었다는 생각에 큰 슬픔에 빠지지만, 또 다시 요셉의 동생이자 12번째 아들인 베냐민을 편애하기 시작했습니다. 그러자 10명의 아들들의 불만은 더욱 고조되고, 심지어 야곱의 넷째 아들 유다는 가출하여 가나안 여인과 결혼하면서 아버지 야곱의 뜻을 정면으로 거스르기까지 했습니다.

야곱 가정의 가족 갈등은 여전히 해결되지 않은 상태였습니다. 그런데 미디안 상인들에 의해 애굽(이집트)에 종으로 팔려 갔던 요셉은 보디발 집의 종으로부터 시작하여 우여곡절 끝에 애굽(이집트)의 총리가 되었고, 마침내는 하나님의 뜻 가운데 입애굽의 지도자가 되었습니다.

〈입애굽과 민족〉 이야기의 줄기는 크게 5가지로 정리할 수 있습니다.

① 요셉의 훈련 시작
② 요셉의 훈련 과정
③ 애굽의 총리가 된 요셉
④ 22년만의 형제 화해
⑤ 야곱과 요셉의 유언

요셉은 애굽으로 내려간 지 22년이 지난 후 애굽(이집트)에서 형들과 재회를 하게 됩니다. 요셉을 미디안 상인들에게 팔아 넘겼던 요셉의 형들은 애굽(이집트)의 총리가 되어 있는 요셉을 만나자 그들이 저질렀던 일로 인해 크게 두려워했습니다.

그러나 요셉은 "하나님께서 하나님의 뜻을 이루시기 위해 나를 형님들보다 먼저 애굽에 보내신 것이니 걱정하거나 근심하지 마십시오."라고 말하며 그 모든 일이 하나님의 뜻하신 바였다는 것을 증거했습니다.

요셉의 지난 22년간은 하나님께서 입애굽의 지도자로 요셉을 단련시키고 훈련시키셨던 시간이었습니다. 결국 하나님의 뜻대로 야곱의 가족 70명은 흉년을 피해 애굽(이집트)으로 내려갔습니다. 애굽(이집트) 총리 요셉은 하나님의 뜻대로 아브라함의 후손들이 큰 민족을 이루게 하기 위해 자기 친족들을 애굽 사람들과 섞이지 않도록 애굽 사람들이 가증히 여기는 목축업에 종사하게 했습니다.

야곱은 애굽(이집트)에 내려가 요셉을 비롯한 70명의 가족들과 함께 17년을 살면서 오랜 가족 갈등을 해결하고, 자손들에게 아브라함과 이삭의 하나님, 그리고 야곱의 하나님을 가르쳤습니다. 그래서 그 가문이 '모든 민족'을 위한 '한 민족'이 될 때까지 아브라함이 하나님과 맺은 언약을 잊지 않게 했습니다. 그리고 그것은 야곱의 유언이 되었습니다.

4. 출(出)애굽과 제국

"지도자 모세"

출 1–18장

요셉이 입애굽의 지도자였다면, 입애굽 이후 430년이 지난 후 출애굽을 이끈 지도자는 모세입니다. 하나님께서 아브라함 한 사람과 '모든 민족'을 위한 언약을 맺은 후, 요셉이 애굽(이집트) 총리였던 시대에 야곱의 가족 70명이 요셉을 의지해 애굽(이집트)에 들어갔습니다.

그것이 '입애굽' 입니다. 그리고 430년 만에 드디어 아브라함의 후손들이 큰 민족을 이루고 다시 애굽(이집트)에서 나오는데 그것이 '출애굽' 입니다. 마침내 '모든 민족'을 위한 '한 민족' 즉, 하나님의 열방을 향한 꿈인 제사장 나라가 세워질 준비가 된 것입니다.

이 과에서는 〈출애굽과 제국〉을 크게 7개의 줄기로 나누어 살펴볼 것입니다.

① 자손에 대한 약속의 성취
② 애굽 왕자 모세
③ 모세를 설득하시는 하나님
④ 아홉 가지 재앙 – 모세와 바로의 협상
⑤ 유월절 – 이날을 기념하라
⑥ 출애굽과 홍해
⑦ 백성의 불평, 모세의 지도력

아브라함의 후손들이 애굽(이집트)에서 큰 민족을 이루자, 하나님께서 마침내 그들을 출애굽시키기로 결정하십니다. 하나님께서는 입애굽을 위해서 요셉을 애굽(이집트)의 총리가 되게 하셨고, 출애굽을 위해서는 모세를 애굽(이집트)의 왕자가 되게 하셨습니다.

애굽(이집트) 왕자 모세는 어느 날 뜨거운 감자인 자신의 민족 문제를 만졌다가 살인자가 되어 미디안 광야로 도망하는 신세가 되었습니다. 애굽(이집트) 왕자가 하루아침에 도망자가 된 것입니다. 그렇게 광야에서 40년간의 세월이 지나는 시점에 하나님께서 모세를 찾아오셔서 모세에게 출애굽의 지도자가 되라고 말씀하셨습니다. 하나님의 제안에 고개를 설레설레 저어대는 모세를 향해 하나님께서는 끝까지 포기하지 않으시며 모세를 설득하셨습니다.

마침내 하나님께 설득된 모세가 애굽(이집트)으로 돌아가 자기 민족(히브리 민족)에게 하나님의 뜻을 전하고 출애굽을 위해 그들을 설득하기 시작했습니다. 그리고 애굽(이집트) 왕실에 들어가 히브리 민족의 지도자로 바로와 6개월간 9번의 협상을 하며 출애굽을 이끌었습니다. 그러자 애굽(이집트)의 바로는 장정들만 해도 60만 명이나 되는 무임금 유노동 노예들을 풀어주지 않기 위해 그들이 가진 모든 힘을 다 동원했습니다. 그동안 하나님께서는 모세를 통해 애굽(이집트)에는 재앙인 기적들을 베푸시며 모세에게 협상 동력을 만들어주셨습니다.

결국 9번째 협상까지 결렬되자, 출애굽의 꿈은 요원해지는 것 같았습니다. 그런데 하나님께서는 마지막 카드로 유월절을 시행하게 하심으로 아브라함의 후손들인 히브리 민족을 출애굽시키셨습니다. 그리고 하나님께서는 그 유월절을 반드시 기념하고 지키라고 말씀하셨습니다. 마침내 모세의 지도하에 출애굽하게 된 이스라엘 백성들은 홍해를 건너 광야에 도착하게 됩니다.

그런데 그들은 가나안에는 가본 적도 없는 사람들이었습니다. 더구나 그들이 출애굽의 감격을 뒤로하고 도착한 곳은 일단 광야(사막) 한가운데였습니다. 그러자 애굽(이집트)에서 노예로 살았던 고통을 벌써 잊고 광야 생활에 대한 불평과 불만을 시작했습니다. 이에 모세는 하나님과 이스라엘 백성 사이에서 평화를 만들기 위해 불철주야 혼신의 힘을 다했습니다.

5. 세계 선교의 꿈, 제사장 나라

"제사장 나라 틀(언약궤 만듦)"

출 19-40장

출애굽한 이스라엘 백성들은 시내 산에서 약 1년간 머물렀습니다. 그곳에서 하나님께서는 아브라함과 맺은 언약대로 아브라함의 후손들과 하나님의 오랜 꿈인 '모든 민족'을 위한 제사장 나라 언약을 맺으셨습니다. 하나님의 세계 선교의 꿈에 이스라엘 민족이 동참하게 된 것입니다.

이 과에서는 〈세계 선교의 꿈, 제사장 나라〉를 크게 6개의 줄기로 나누어 살펴볼 것입니다.

① 시내 산 언약

② 십계명 - 그리스도인의 대헌장

③ 성막의 설계도와 제사장 제도를 말씀하심
④ 금송아지 사건
⑤ 성막 제작 – 아름다운 동역
⑥ 철저한 확인 점검과 성막 봉헌

시내 산에서 이스라엘 백성들은 모세의 지도하에 1년간 크게 두 가지 일을 하게 됩니다. 첫 번째는 하나님의 백성이 지킬 십계명과 세부적인 법을 받고, 하나님과 제사장 나라 언약을 체결한 것입니다. 그리고 두 번째는 하나님께서 주신 성막의 설계도를 받아서 그 설계도대로 5개월 20일간 성막을 만든 것입니다. 이 두 가지 일은 이스라엘이 제사장 나라로 나아가는 매우 중요한 일이었습니다.

아브라함의 후손들은 애굽(이집트)에서 사는 동안 숫자가 크게 늘어 히브리 민족이라 불릴 정도였음에도 불구하고 민족이 나라를 갖지 못했기 때문에 각 가정에서 자기 아들조차도 지킬 수 없었습니다. 그런데 그들이 마침내 출애굽하여 나라를 세우게 된 것입니다. 나라는 국민, 영토, 주권이 있어야 합니다. 그리고 나라는 법과 군대와 땅을 가져야 합니다. 아브라함의 후손들 즉, 애굽(이집트) 사람들에 의해 히브리 민족이라 불렸던 그들이 출애굽하여 마침내 나라를 세웠습니다. 그 나라가 이스라엘이었고, 모든 민족을 위한 한 민족인 제사장 나라였던 것입니다.

이스라엘은 광야에서 나라를 세우면서 군대를 조직하고, 하나님으로부터 법을 받았습니다. 그리고 그들의 영토는 가나안으로 이미 정해져 있었습니다. 물론 가나안에 살고 있는 사람들과의 전쟁은 불가피하지만 말입니다. 광야에서 나라를 세운 이스라엘은 하나님께 십계명을 비롯한 법을 받았습니다. 이후에 랍비들에 의해 구분된 것을 보면, 모세5경의 율법은 긍정 명령 248개와 부정 명령 365개를 합쳐 613개 조항으로 정리됩니다. 그리고 이스라엘은 하나님의 임재를 상징하는 성막의 설계도를 받았습니다.

그런데 모세가 시내 산 꼭대기에 올라가 하나님으로부터 십계명을 받는 동안 산 아래 머물고 있던 이스라엘 백성들은 모세를 기다리다 지쳐 금송아지를 만들고 우상에 절하는 죄를 짓게 됩니다. 그 일은 이스라엘 백성들이 시내 산에서 머문 1년간의 생활 가운데 가장 부끄러운 일이었습니다.

그러나 그 후 5개월 20일간 이스라엘 백성들은 하나님께서 주신 설계도대로 성막을 지어 하나님을 기쁘시게 해드리기도 했습니다. 이 일에 이스라엘 백성들이 동역했고, 성막이 완성되자 하나님께서 주신 설계도대로 성막이 잘 만들어졌는지 모세가 꼼꼼히 살펴보고 난 후 성막을 하나님께 봉헌하였습니다. 시내 산에서의 1년은 아브라함의 후손들이 히브리 민족을 넘어 본격적으로 나라를 세우는, 즉 제사장 나라가 되는 중요한 기간이었습니다.

6. 거룩한 시민학교 교과서

"제사장 나라 교과서"

레 위 기

레위기는 '모든 민족'을 위한 한 민족의 지침서 즉, 제사장 나라 거룩한 시민의 교과서입니다. 제사장 나라는 하나님과 모든 민족 사이에서 평화를 만드는 나라로서 그 나라는 특권과 의무가 동시에 있습니다. 먼저 특권으로, 제사장 나라는 하나님께서 주신 제사장 나라의 법을 지키면 묵은 곡식을 먹다가 새 곡식이 나와서 묵은 곡식을 그만 먹는 나라입니다. 다시 말해 국가 경제를 하나님께서 책임져주시는 나라입니다.

또한 제사장 나라는 만약 전쟁이 발생하면 5명이 나가 100명과 싸워 이기고, 100명이 나가 1만 명과 싸워 이기는 나라입니다. 이는 국방을 하나님께서 책임져주시는 나라라는 것입니다. 대신 제사장 나라의 의무는 제사장 나라의 법을 다 지키고, 하나님과 모든 민족 사이에서 평화를 만드는 나라가 되어야 하는 것이었습니다. 그런 제사장 나라의 거룩한 백성들이 지켜야 할 모든 내용들을 하나님께서 직접 주셨는데 그것이 레위기입니다.

제사장 나라의 법이 담겨 있는 레위기, 〈거룩한 시민학교 교과서〉는 크게 7개의 줄기로 나누어 살펴볼 것입니다.

① 5가지 제사
② 제사장 위임식과 첫 제사
③ 나답과 아비후 사건
④ 거룩하고 정결한 삶을 위한 규례들
⑤ 속죄일 – 제사장의 자기반성
⑥ 거룩은 사랑입니다
⑦ 이스라엘의 절기 문화

레위기는 하나님께서 주신 5가지 제사법으로부터 시작됩니다. 제사는 하나님께서 제사장 나라의 백성들을 귀찮게 하거나 괴롭게 하고자 하심이 아닙니다. 제사는 죄로 인해 공의의 하나님 앞에 나아갈 수 없는 죄인을 대신해 양이나 소가 제물이 됨으로 죄인이 다시 하나님 앞에서 제사장 나라의 거룩한 백성으로 살아갈 수 있게 되는 길이었습니다. 때문에 5가지 제사는 제사장 나라에서 거룩한 시민이 반드시 알고 행해야 할 중요한 일이었습니다.

제사장 나라의 제사는 제사장이 집례해야만 했습니다. 때문에 제사장 나라에서 제사장은 매우 중요한 사람이었습니다. 하나님께서는 이스라엘 13지파(요셉 대신 요셉의 두 아들 므낫세와 에브라임이 이스라엘의 지파에 속하게 되었기 때문) 가운데 레위 지파를 제사장 지파로 삼으셨고, 레위 지파는 이스라엘의 12지파 사이에 모두 흩어져 제사장의 임무를 수행했습니다. 그리고 대제사장은 1년에 한 번씩 매년 지성소에 들어가 제사장 나라 백성들의 모든 죄를 하나님께 용서받아야만 했습니다.

제사장 나라가 다른 나라들과는 다른 특권과 의무가 있듯이 대제사장 또한 특권과 의무가 있었습니다. 대제사장은 특권도 많았지만, 의무 또한 얼마나 엄중한지 아론의 두 아들 나답과 아비후가 죽는 사태를 통해서 모든 이스라엘 백성들이 다 알게 될 정도였습니다.

레위기 11장에서 15장까지는 제사장 나라의 거룩한 시민들이 지켜야 하는 규례들이 기록되어 있습니다. 레위기 후반부에서 특히 주목할 것은 하나님께서 말씀하신 '거룩' 입니다. 거룩은 고아와 과부와 나그네, 그리고 이웃 사이에서 나눔과 사랑을 실천하라는 것입니다. 그리고 하나님께는 절기들을 통해 제사장 나라의 거룩한 시민들이 하나님께서 주신 법을 잘 지키고 실천하게 하셨습니다.

7. 만나세대

"제사장 나라 학교"

민

'민수기'(Numbers)는 말 그대로 '숫자를 세었다'는 것으로, 이스라엘 백성들에 대한 두 번의 인구조사 기록입니다. 처음 인구조사는 출애굽 직후에 이스라엘 백성들의 수를 계수한 것이고, 두 번째 인구조사는 광야 생활 40년 후 만나세대들을 계수한 것입니다.

〈만나세대〉 이야기의 줄기는 다음과 같습니다.

① 첫 번째 인구조사와 진 배치

② 1년 만에 시내 산에서 출발

③ 계속되는 불평과 원망 vs. 온유하고 충성된 사람 모세

④ 가데스 바네아 사건
⑤ 레위인들의 반역
⑥ 므리바 사건
⑦ 두 번째 인구조사와 새 지도자
⑧ 요단 동편 분배

출애굽 직후 이스라엘 백성들을 대상으로 인구를 조사해보니 20세 이상 60세 미만으로 전쟁에 나아가 칼을 들 만한 장정의 숫자가 자그마치 60만 명에 이르렀습니다. 500여 년 전 하나님께서 아브라함 한 사람과 '모든 민족'을 위한 언약을 맺으시면서 아브라함의 자손들이 하늘의 별처럼, 그리고 바닷가의 모래처럼 많아질 것이라는 말씀이 마침내 성취된 것입니다.

그런데 인구조사 후에 이어진 그들의 광야 생활은 생각 이상으로 쉽지 않았고, 애굽(이집트)에서의 노예 생활 경험이 전부인 이스라엘 백성들은 모세와 하나님에 대해 불평과 원망을 끊임없이 해댔습니다. 온유함이 세상에서 가장 뛰어난 하나님의 사람 모세는 그들을 설득하고, 하나님과 이스라엘 백성들

사이에서 평화를 만들기 위해 고군분투해야만 했습니다.

출애굽하여 1년 동안 머물렀던 시내 산을 출발한 이스라엘 백성들은 가데스 바네아에 도착하자 모세에게 제안을 한 가지 했습니다. 가나안을 정탐해보자는 것이었습니다. 그러자 모세가 이를 수용해 레위 지파를 제외하고 12지파에서 각각 1명씩 대표를 선출해 12명이 40일간 가나안을 정탐하게 했습니다.

그런데 40일이 지난 후, 여호수아와 갈렙은 하나님께서 우리와 함께하시면 가나안을 정복할 수 있다는 보고를 한 반면, 다른 10명은 가나안을 정복하는 것이 불가능하다는 보고를 했습니다. 더 나아가 이제 가나안으로 들어갈 수 없으니 모세를 결박해 애굽(이집트)으로 돌아가자고 이스라엘 백성들을 선동하기까지 했습니다.

이 사건으로 말미암아 하나님께서 그들의 가나안 입성을 40년 이후로 미루셨습니다. 그리고 출애굽 당시 20세 이상의 성인들은 여호수아와 갈렙을 제외하고는 어느 누구도 가나안에 들어갈 수 없게 되었습니다. 하나님께서 그렇게 결정하신 것입니다. 이후에도 레위인들의 반역 사건과 므리바 사건을 일으킨 이스라엘 백성들은 하나님과 모세를 무척 괴롭혔습니다.

모세는 하나님의 말씀에 따라 출애굽 당시 20세 미만의 청소년들과 광야에서 태어난 어린아이들을 대상으로 제사장 나라의 법을 가르치기 시작했습니다. 그들이 '만나세대'입니다. 만나세대는 40년간 광야에서 만나를 먹으며 모세에게 율법을 배운 사람들입니다.

출애굽 이후 40년이 지나 그들의 숫자를 다시 계수했더니 40년 전 출애굽 당시의 숫자와 크게 다르지 않았습니다. 하나님께서 광야에서도 그들을 지키고 보호해주셨기 때문입니다. 모세는 여호수아를 후계자로 정하고, 만나세대들과 요단 동편을 정복했습니다. 그리고 르우벤, 갓 지파와 므낫세 반 지파에게는 땅을 먼저 분배해주었습니다.

8. 만나학교 졸업

"제사장 나라 학교 졸업"

신 신

신명기는 40년간 광야에서 모세에게 교육받은 만나세대들을 향한 모세의 만나학교 졸업 설교이자 역사 특강입니다. 모세와 만나세대는 요단 동편을 정복했고, 르우벤, 갓 지파와 므낫세 반 지파는 이미 땅을 분배받기까지 했습니다. 그런 상황에서 만나세대들이 요단 강을 건너기 직전 모압 평지 아라바 광야에서 머물고 있을 때, 모세가 두 달간 4번에 걸쳐 만나세대에게 마지막 메시지를 전했습니다.

모세는 하나님의 말씀에 따라 요단 강을 건너 가나안에 들어갈 수 없었습니다. 그럼에도 불구하고 모세는 하나님의 마음으로 그들에게 혼신의 힘을 다해 말했습니다. 그들이 가나안을 정복하고 그곳에서 살게 되면 그때에는 지난 40년간 모세에게 배운 대로 제사장 나라의 법을 그들의 자녀들에게 직접 가르치라고 말입니다.

〈만나학교 졸업〉을 5개의 줄기로 나누어 살펴보면 다음과 같습니다.

① 역사 특강 서론
② 들으라! 이스라엘
③ 모세의 마지막 율법 교육
④ 이어져야 할 언약
⑤ 모세의 노래

모세는 만나세대들에게 지난 40년 동안 광야에서 하나님께서 그들을 어떻게 돌보고 지켜주셨는지를 상기시켰습니다. 광야는 풀 한 포기 나지 않고 농사도 지을 수 없는 곳입니다. 그런데 그런 광야에서 하나님께서 아브라함의 후손들을 머리카락조차도 상하지 않게 지키고 보호해주신 것입니다. 하늘에서 만나를 내려주시고, 낮에는 구름 기둥으로, 그리고 밤에는 불 기둥으로 인도하고 보호해주셨습니다. 그리고 모세를 통해 60만 명이나 되는 모든 장정들이 제사장 나라의 모든 법을 완벽하게 숙지하게 하셨습니다.

그들의 부모세대는 애굽(이집트)에서 노예로 살았기 때문에 교육의 혜택이라고는 받을 기회조차 없었던 사람들이었습니다. 그래서 그들은 제사장 나라의 거룩한 시민이 되겠다고 하나님과 언약을 맺었음에도 불구하고, 그 언약을 지킬 실력이 없었습니다. 그러나 모세에게 교육받은 만나세대들은 그들이 직접 자기 자녀들에게 제사장 나라를 가르칠 만큼의 실력을 모두가 가지게 되었습니다.

모세가 그들에게 말했습니다. "들으라! 이스라엘아." 지난 40년간 모세에게 배운 만나세대들은 이제 들을 귀가 생긴 사람들입니다. 그들에게 모세는 지난 40년을 돌아보고, 앞으로 어떻게 살아야 하는지를 가르쳐주었습니다.

모세의 가르침은 만나세대가 제사장 나라의 거룩한 시민으로 하나님과 맺은 언약을 늘 기억해야 한다는 것입니다. 그리고 제사장 나라의 법을 지키고, 그 법을 자기 자녀에게 가르치라는 것입니다. 그러면 하나님께서 그들을 지키고 보호해주실 것이고, 그렇지 않으면 제사장 나라 법에 따라 처벌을 받게 될 것이라고 말했습니다.

말미에 모세는 만나세대들을 축복하며 만나세대들을 향한 그의 마지막 설교 겸 역사 특강을 마무리합니다. 그리고 모세의 시편인 시편 90편이 이어집니다.

9. 약속의 땅 입성

"졸업생 성공 사례"

수

출애굽 이후 광야에서 40년을 보낸 만나세대가 마침내 약속의 땅 가나안에 들어갑니다. 그러나 그곳은 누가 반기고 있는 상황이 아니라, 이미 그 땅에 살고 있는 사람들과의 전쟁을 통해 그 땅을 차지해야만 하는 중차대한 일이 기다리고 있을 뿐입니다. 여호수아와 만나세대가 그 일에 책임을 감당하게 된 것입니다.

여호수아와 만나세대들이 본격적으로 역사의 주인공들이 되는 〈약속의 땅 입성〉은 크게 6개의 줄기로 나누어 살펴볼 것입니다.

① 여호수아와 만나세대
② 여리고 성 정탐
③ 요단 강을 마른 땅으로 밟고 건너다
④ 가나안 점령
⑤ 가나안 땅 분배와 갈렙의 선택
⑥ 여호수아의 마지막 당부

모세의 뒤를 이어 이스라엘의 지도자가 된 여호수아가 만나세대와 함께 요단 서편에서 가장 먼저 여리고 성을 점령하기로 결정했습니다. 그리고 여호수아가 두 사람을 정탐으로 보내 여리고 성의 형편을 미리 살펴보게 했습니다. 두 사람의 정탐은 여리고 성에서 기생 라합을 만나 도움을 받게 되고, 여리고 성을 함락하면 라합과 라합의 가족을 살려주겠다는 약속을 했습니다.

여리고 성 정탐을 마친 여호수아와 만나세대가 드디어 요단 강을 건넙니다. 과거 40년 전 출애굽한 이스라엘 백성들이 홍해를 육지처럼 건넜던 것처럼 그들도 요단 강을 마른 땅으로 밟고 건넜습니다. 드디어 요단 강을 건너 요단 서편에 도착한 여호수아와 만나세대는 여리고 성 공성전을 시작으로 그때로부터 5년간 가나안 정복 전쟁을 하게 됩니다.

가나안 정복 전쟁의 시작이 계획대로 여리고 성 공성전으로 포문을 열었습니다. 하나님께서는 여리고 성 공성전을 앞둔 여호수아를 격려하시고, 여호수아에게 모세가 쓴 5권의 책을 가지고 전쟁에 임하라고 말씀하셨습니다. 그러면 하나님께서 여호수아의 길을 형통하게 하겠다고 약속해주셨습니다. 그리고 하나님께서는 더 나아가 여리고 성 공성전의 전략과 전술까지도 주셨습니다. 가나안에서의 첫 번째 전쟁이었던 여리고 성 공성전을 필두로 여호수아와 만나세대는 5년간 31번의 모든 전쟁을 승리로 이끕니다.

5년간의 가나안 정복 전쟁을 마치고 요단 동편에서 이미 땅을 분배받은 르우벤, 갓 지파와 므낫세 반 지파를 제외한 아홉 지파와 남은 므낫세 반 지파가 땅을 분배받습니다. 이때 갈렙이 아직 차지하지 못한 헤브론 땅을 자신과 자신의 지파가 싸워 이긴 후 차지하겠다고 말함으로 많은 사람들을 기쁘게 합니다.

그리고 마지막으로 여호수아가 땅을 분배받고, 만나세대는 가나안에서의 본격적인 생활을 시작합니다. 하나님께서 아브라함과 언약을 맺으신 후 500년 만에 드디어 자손과 땅에 대한 약속이 아브라함의 후손들에게 성취된 것입니다. 여호수아는 그들에게 모세와 같은 유언을 남기고 그의 시대를 마감합니다.

10. 사사들이 다스리던 시기

"졸업생 자녀 교육 실패 사례"

샷

가나안에 정착하여 살게 된 아브라함의 후손들인 이스라엘 백성들은 하나님께서 아브라함에게 말씀하셨던 자손과 땅에 대한 약속의 성취를 보고도, 모세와 여호수아에게 약속했던 제사장 나라의 언약도 다 잊고, 분배받은 가나안 땅에서 각자 자기 소견에 옳은 대로 살아가기 시작했습니다.

이 시기를 '사사 시대'라고 말합니다. 그런데 이 기간이 자그마치 350여 년이나 지속되었습니다. 하나님께서 아브라함과 언약을 맺으시고 아브라함의 후손들이 큰 민족을 이루기까지 기다리신 500여 년의 시간, 그리고 출애굽 이후 이스라엘의 불순종으로 말미암아 광야에서 지체된 40년의 시간, 그렇게 시간을 보내고 드디어 약속의 땅 가나안에 입성한 것인데 또다시 제사장 나라가 지체되는 사사 시대를 350년간이나 보낸 것입니다.

〈사사들이 다스리던 시기〉는 크게 6개의 줄기로 살펴볼 것입니다.

① 쫓아내지 못한 족속들
② 신앙 교육 소홀의 결과
③ 기드온과 3백 용사
④ 기대에 못 미치는 지도자
⑤ 사사 삼손
⑥ 사사 시대 사회상

여호수아와 만나세대들의 5년 동안의 가나안 정복 전쟁은 대략 큰 틀에서의 정복 전쟁이 마무리가 된 것이지 완벽하게 끝이 난 것은 아니었습니다. 가나안 정복 전쟁은 이후 다윗왕 때에 완벽하게 끝이 나기 때문입니다. 그렇기 때문에 여호수아가 1차적으로 정복 전쟁을 마무리하고 12지파에게 땅을 분배해주었지만 가나안에는 여전히 다른 족속들이 함께 살고 있었고, 전쟁이 계속되는 것은 불가피한 일이었습니다.

그래서 12지파가 힘을 합해 아직도 다 쫓아내지 못한 가나안 족들을 대항해야 했던 것입니다. 그런데 각자 자기 땅을 분배받은 이스라엘 백성들은 12지파가 힘을 합하지 않고 각자 자기 소견에 옳은 대로 살아갈 뿐 자기 지파 외에 다른 지파들이 어려움을 당하게 되어도 이를 살펴보지 않았습니다.

그리고 그들은 가나안 땅에서 농사짓고 장사하며 살면서 자기 자녀에게 하나님을 가르치지 않았고, 하나님과 맺은 언약인 제사장 나라의 거룩한 시민은 기억조차 하지 못했습니다. 그러자 하나님께서는 제사장 나라의 언약 체결 당시 '이스라엘이 하나님과 맺은 언약을 지키면' 받게 되는 복이 아닌, '하나님과 맺은 언약을 지키지 않으면'에 해당하는 처벌을 내리셨습니다.

이스라엘 백성들은 적의 공격을 받아 어려움에 처할 때에만 하나님을 찾았습니다. 그때마다 하나님께서는 사사들을 통해 나라를 구해주셨습니다. 사사 시대에는 여러 사사들이 등장해서 나라를 위기 가운데 구했습니다. 이때 기드온과 같은 사사가 있었는가 하면 하나님의 기대에 크게 못 미치는 사사들 또한 많았습니다.

그러나 이스라엘은 위기에서 벗어나기만 하면 다시 하나님께로부터 멀어지기를 반복했습니다. 그리고 그 시기에는 심지어 베냐민 지파와 다른 지파들이 전쟁을 벌이는 일까지도 있었습니다. 사사 시대는 참으로 안타깝고 답답한 시기였습니다.

11. 교육의 성공 사례

"졸업생 자녀 교육 성공 사례"

룻

사사 시대가 전체적으로 암울한 시대라고 한다면, 그런 가운데에도 시원한 여름 냉수 같은 아름다운 이야기도 있었습니다. 모든 사람들이 각자 자기의 소견에 옳은 대로 살던 시대에 베들레헴 시골 마을에서 묵묵히 제사장 나라의 거룩한 시민으로 살아가면서 하나님을 기쁘시게 하는 일도 있었기 때문입니다.

〈교육의 성공 사례〉를 다룬 룻기의 이야기는 크게 4가지 줄기로 나누어 살펴볼 것입니다.

① 나오미의 귀향과 룻의 선택

② 룻과 보아스의 만남
③ 룻과 보아스의 결혼
④ 보아스의 족보

베들레헴에 살고 있던 나오미라는 여인은 흉년이 계속되자 땅의 경작권을 팔고 온 가족이 모압으로 이민을 떠났습니다. 이스라엘은 제사장 나라로서 땅의 모든 소유권은 하나님의 것이었습니다. 12지파가 분배받은 것은 땅의 소유권이 아닌 농사지을 수 있는 경작권이었습니다. 제사장 나라 법에 의하면, 땅의 소유권은 당연히 사고팔 수 없지만 땅의 경작권은 사고팔 수 있었습니다. 그러나 매 50년째 희년이 오면 사고 팔던 경작권은 무효가 되고 원래 주인이 땅의 경작권을 회복할 수 있었습니다.

때문에 희년이 많이 남은 시점에는 땅의 경작권 값이 비쌌고, 희년이 다가올수록 땅의 경작권 값이 싸졌습니다. 나오미가 모압으로 이민 갔던 그 시기는 아직 희년이 많이 남은 상태로 땅의 경작권이 상당히 비싼 그런 시점이었던 것 같습니다. 왜냐하면 나오미가 10년 후 베들레헴으로 돌아왔을 때에도 여전히 그 땅의 경작권 값이 상당히 비쌌기 때문입니다.

그런데 흉년을 피해 모압으로 이민을 갔던 나오미는 모압에서 더 큰 흉년을 만났습니다. 모압에서 나오미의 남편과 두 아들이 다 죽었기 때문입니다. 그리고 남은 것은 자신과 과부가 된 젊은 두 며느리가 전부였습니다. 그러자 나오미가 다시 귀향을 결심하고 젊은 두 며느리에게는 모압에서 다시 새 삶을 살라고 권고했습니다. 며느리 오르바는 나오미의 권고를 받아들여 모압에 남았는데, 또 한 명의 며느리 룻은 늙은 시어머니를 모시겠다고 끝내 나오미를 따라 베들레헴으로 함께 돌아왔습니다.

나오미가 며느리 룻과 함께 베들레헴으로 돌아왔던 시점은 추수가 한창인 때였습니다. 그러나 땅의 경작권을 팔아버리고, 모압에서 모든 것을 잃은 나오미는 추수 때 베들레헴의 민폐였을 뿐입니다. 그런데 베들레헴에서 제사장 나라 법을 자기 밭에서 실천하고 있는 사람이 있었습니다. 그가 살몬이 라합에게서 낳은 보아스였고, 그 보아스가 결국 룻의 남편이 됩니다.

추수 때 고아와 과부와 나그네를 위해 밭모퉁이 일부를 남겨 두는 것이 제사장 나라의 법이고 그것이 하나님께서 말씀하신 '거룩'이었습니다. 결국 보아스와 룻이 결혼하여 그 가문에서 다윗 왕이 출생하게 됩니다. 이 이야기가 사사 시대에 베들레헴에서 일어난 만나세대 졸업생 자녀 교육의 성공 사례입니다.

2

왕정 500년

500 Years of Monarchy

"다윗의 길과 여로보암의 길"

12. 미스바세대

"사무엘의 설득"

삼상 1-7장

350여 년의 사사 시대를 종식시킨 사람은 사무엘이었습니다. 모세가 광야에서 만나세대를 길러냈다면, 사무엘은 사사 시대를 종식시키고 미스바세대를 열었습니다. 사무엘이 온 이스라엘을 두루 다니며 하나님의 말씀을 가르치자 새 시대가 열리게 된 것입니다.

사무엘 시대의 특징을 크게 세 가지로 정리하면 다음과 같습니다. 첫째, 사무엘 시대는 왕이 없었습니다. 둘째, 국내에 내분이 없었습니다. 이는 지파간의 갈등이 없었다는 것입니다. 셋째, 그 시대는 외적의 침입이 없었습니다. 사무엘 시대는 사사 시대의 문제들을 극복하고 제사장 나라답게 온 이스라엘에 하나님의 진실과 하나님의 사랑이 꽃 피는 시대였기 때문입니다.

〈미스바세대〉는 크게 두 개의 줄기로 나누어 살펴볼 수 있습니다.

① 사무엘이 준비되다
② 사무엘의 시대 부흥 사역 – 미스바세대의 탄생

사사 시대의 특징은 하나님의 말씀 없이 각자 자기 소견에 옳은 대로 사는 시대였다는 것입니다. 제사장 나라의 거룩한 시민은 오간 데 없고, 그들이 과연 모세에게 배운 만나세대의 후손들인가 싶을 정도로 안타까운 시대를 보냈던 것입니다. 그러다가 마침내 하나님께서 새 시대를 여셨습니다. 출애굽을 위해 하나님께서 모세를 준비시키셨듯이, 사사 시대를 끝내고 새 시대를 열기 위해 사무엘을 준비시키셨습니다.

사사 시대에 한나라는 한 여인이 있었습니다. 그 여인은 남편에게 사랑받고 사는 행복한 여인이었으나, 그녀에게는 자식이 없었습니다. 한나는 매년 실로에 있는 하나님의 전에 올라가 하나님께 제사를 드렸었는데, 어느 한 해는 하나님께 전심을 다해 기도하며 아들을 구하는 기도를 드렸습니다. 한나는 단순히 아들을 구하는 기도를 넘는 성경을 통한 기도를 하나님께 드렸습니다. 하나님께서 응답하실 수밖에 없는 그런 기도를 하나님께 드렸던 것입니다.

한나는 자기보다 약 850여 년 전 사람인 아브라함의 부인 사라가 불임이었으나, 하나님께서 그녀의 태를 여셔서 임신케 하시고 해산케 하셨다는 이야기를 알고 있었습니다. 태를 여시고 생명을 주시는 분이 하나님이시라는 지식을 한나가 가지고 있었던 것입니다. 또한 한나는 제사장 나라 법에 나실인 법이 있다는 것도 알고 있었습니다.

한나가 하나님의 말씀인 성경을 통해 기도하자 하나님께서 한나의 기도를 들어주셨습니다. 그렇게 해서 태어난 하나님의 사람이 사무엘이었던 것입니다.

사무엘은 어린 시절부터 하나님의 전에서 살면서 엘리 제사장에게 〈모세5경〉을 배웠고, 하나님의 말씀을 직접 들었으며, 그 후에 온 이스라엘을 두루 다니며 이스라엘 백성들에게 하나님의 말씀을 가르침으로 새 시대를 열었습니다. 그리하여 온 이스라엘에 미스바세대를 탄생시켰던 것입니다.

13. 왕정의 시작

"최초의 왕 사울"

삼상 8-31장

사무엘로 말미암아 온 이스라엘이 다시 하나님의 말씀에 집중하게 되는 새 시대가 열렸으나, 세월이 지나면서 사무엘이 나이 많아 늙고 사무엘의 아들들은 사무엘과 같지 못하자 이스라엘이 새로운 문제에 직면하게 됩니다.

이스라엘 백성들이 다른 여타 나라들처럼 왕이 자신들을 다스려주었으면 좋겠다고 생각하게 된 것입니다. 그래서 백성의 대표인 장로들이 사무엘에게 와서 왕정을 요구했습니다. 이 일로 말미암아 사무엘이 울었습니다. 그러자 하나님께서는 이스라엘이 사무엘을 버린 것이 아니라, 그들이 하나님을 버린 것이라고 말씀하셨습니다. 그리고 이스라엘 백성들에게 왕의 제도가 어떤 것인지 가르쳐주라고 말씀하셨습니다.

사무엘이 하나님의 말씀대로 이스라엘 백성들에게 왕의 제도에 대해 가르쳐주었습니다. 왕정을 하면, 결국 백성이 '왕의 종'이 될 것이라고 설명했지만, 그럼에도 불구하고 이스라엘 백성들은 끝까지 왕정을 요구했습니다. 그러자 하나님께서는 안타까운 마음으로 최선이 아닌 차선의 선택으로 왕정을 허락하십니다. 그래서 드디어 이스라엘에 500년 왕정이 시작되었습니다.

〈왕정의 시작〉은 크게 6개의 줄기로 나누어 살펴볼 것입니다.

① 왕을 요구하는 백성
② 사울의 초기 정치
③ 변해버린 사울
④ 왕으로 예선된 다윗
⑤ 다윗의 도피 생활
⑥ 다윗의 망명과 사울의 최후

사무엘이 울었듯이 하나님의 마음 또한 안타까운 마음이었지만, 그럼에도 불구하고 하나님께서 이스라엘 백성들을 위해 좋은 왕을 주시기 위해 12지파 가운데 선택하셔서 사울을 이스라엘의 초대 왕이 되게 하셨습니다. 처음에 사울은 매우 겸손하고 좋은 왕인 듯했습니다.

그런데 시간이 흐르면서 점차 변해간 사울 왕은 골리앗을 앞세운 블레셋이 이스라엘로 쳐들어와 나라가 위기에 빠졌을 때 그 위기를 구한 청소년 다윗을 시기하기 시작하면서 더욱 하나님의 마음에서 멀어져갔습니다. 자신을 왕으로 세워주신 임명권자가 하나님이심을 잊고 권력에 취해 다윗을 자신의 정치적 정적으로만 여긴 것입니다. 하루아침에 사울 왕의 정적이 되어버린 다윗은 목숨을 구하기 위해 도망자가 되고 맙니다.

이것은 하나님께서 다윗을 시험하고 훈련시키려고 계획하셨던 일이었습니다. 그런데 놀랍게도 다윗이 모든 어려움을 끝까지 참아 견디며 하나님 앞에 믿음을 더욱 견고히 합니다. 하나님의 시험을 모두 통과한 것입니다. 사울은 3,000명의 토벌대까지 구성해 다윗을 잡아 죽이려 했으나 하나님께서 다윗을 지켜주고 보호해주십니다.

40년간 이스라엘을 다스렸던 사울 왕은 블레셋이 또다시 이스라엘을 공격해온 전쟁에 출정했다가 그의 세 아들은 전사하고 자신은 80세에 자결하는 안타까운 인생으로 끝을 맺습니다. 이스라엘의 초대 왕 사울의 안타깝고 쓸쓸한 퇴장이 아닐 수 없습니다.

14. 하나님의 종 다윗

"다윗"

삼하, 왕상 1-2장

다윗은 3번에 걸쳐 기름 부음을 받았습니다. 처음에는 다윗의 청소년 시절에 사무엘이 직접 베들레헴까지 찾아와 다윗의 머리 위에 기름을 부었고, 두 번째는 사울 왕이 죽은 후 유다 지파의 왕이 되면서 다윗의 머리 위에 기름이 부어졌습니다. 그리고 세 번째는 12지파의 총의가 모아져 사울에 이어 이스라엘의 두 번째 왕이 되면서 머리에 기름이 부어졌습니다.

다윗은 베들레헴에서 태어난 이새의 아들이었고, 목동이었으며, 이후에는 이스라엘의 왕이 되었고, 수많은 시편을 남긴 시인이었으며, 많은 전쟁에서 승리한 군인이기도 했습니다. 그러나 다윗이 가장 좋아한 그에 대한 수식어는 '하나님 종'이었습니다. 그것도 하나님께서 직접 '내 종 다윗'이라고 부르시는 것에 대해 가장 크게 기뻐했습니다. 다윗은 자기 자신에 대해서는 하나님의 종이라고 말했고, 이스라엘 백성들에 대해서는 주의 백성이라 불렀습니다. 그래서 다윗 시대는 이스라엘이 왕정을 실시했던 시대였음에도 불구하고 제사장 나라에서 가장 좋은 모범이 되었습니다.

〈하나님의 종 다윗〉은 크게 6개의 줄기로 나누어 살펴볼 것입니다.

① 유나 시파의 왕이 된 다윗
② 통일 왕국의 왕 다윗의 업적
③ 다윗의 소망과 하나님의 복
④ 인간 다윗의 모습들
⑤ 다윗의 유언
⑥ 다윗의 시편

사울 왕과 그의 세 아들이 블레셋과의 전쟁에서 모두 죽자, 사울의 군대 장관 아브넬이 사울의 남은 아들 이스보셋을 허수아비 왕으로 삼고, 수도 또한 마하나임으로 옮기고는 유다 지파를 제외하고 11지파의 나라를 이끌었습니다. 다윗이 속한 유다 지파는 나라의 구성원에서 제외된 것입니다. 그러자 유다 지파는 할 수 없이 다윗을 왕으로 세우고 헤브론을 수도로 삼고 살아갔습니다. 한 민족이 11지파와 1지파로 나뉘게 된 것입니다.

그렇게 7년 6개월의 시간이 흘렀습니다. 그런데 어느 날 사울의 군대 장관이면서 동시에 11지파의 실제 권력자인 아브넬이 다윗에게 민족 통일을 의논하자고 연락을 해왔습니다. 이 과정에서 다윗과 아브넬이 통일을 위한 협상을 잘 마무리했으나, 다윗의 군대 장관인 요압이 아브넬을 암살하면서 통일이 요원해지는 것 같기도 했습니다. 그러나 다윗이 이 위기를 잘 넘기고 마침내 12지파의 민족 통일을 이루어 이스라엘의 공식적인 두 번째 왕이 됩니다.

다윗은 그 당시까지도 여부스족이 살고 있던 예루살렘 성을 빼앗아 그곳을 12지파의 수도로 삼고, 예루살렘으로 언약궤(증거궤)를 옮겨오고, 성전을 준비하며 하나님의 이름을 두려고 택함을 입은 곳이 되게 합니다. 그리고 다윗은 이스라엘을 하나님의 공의와 정의가 살아 있는 나라로 통치를 합니다. 그러자 하나님께서 다윗과 함께하셔서 이스라엘을 크게 부강하게 해주십니다.

다윗은 이후에 우리아 사건과 인구조사로 인해 다시 큰 위기에 처하지만, 하나님 앞에 회개함으로 용서받습니다. 그리고 다윗은 그의 아들 솔로몬에게 하나님의 율법을 지켜 행하라는 유언을 남기고 죽습니다. 하나님을 찬양한 다윗의 많은 시편들이 성경에 기록되어 있습니다.

15. 솔로몬과 시가서

"솔로몬"

왕상 3-11장, 잠, 아, 전, 욥, 시

솔로몬은 20세에 그의 아버지 다윗의 뒤를 이어 이스라엘의 세 번째 왕이 됩니다. 솔로몬은 집권 초기에 내각을 정비하고 예루살렘 성전과 왕궁을 건축하는 일에 몰두했습니다. 하나님께서 솔로몬에게 바닷가의 모래처럼 많은 지혜를 주시자 솔로몬은 이스라엘을 건실한 나라로 세워갈 수 있었습니다.

그런데 솔로몬 집권 후반기에 안타깝게도 솔로몬의 마음이 하나님으로부터 떠나 이방 여인들에게로 향하게 됩니다. 더 나아가 예루살렘을 우상 박물관이 되게 하기까지 했습니다. 하나님께서는 솔로몬에게 두 번이나 나타나셔서 솔로몬의 마음을 돌이키려 하셨습니다. 그러나 솔로몬은 하나님의 말씀에 귀를 기울이지 않았습니다. 결국 하나님께서는 솔로몬의 아들 르호보암 때에 나라를 둘로 나누어 한 민족 두 국가가 되게 하십니다.

솔로몬의 성전 건축을 비롯한 솔로몬의 행적과 솔로몬의 잠언, 아가, 전도서, 그리고 욥기 부분인 〈솔로몬과 시가서〉는 크게 7개의 줄기로 나누어 살펴볼 것입니다.

① 솔로몬의 통치 전반기
② 솔로몬의 지혜서
③ 솔로몬의 사랑 노래
④ 솔로몬의 통치 후반기
⑤ 솔로몬의 마지막 당부
⑥ 의인의 고난에 대하여
⑦ 찬양의 책 – 시편

20세에 이스라엘의 왕이 된 솔로몬은 아버지 다윗이 남긴 유언대로 〈모세5경〉을 읽고 지켜 행하며, 통치 전반기를 순조롭게 시작했습니다. 20세 어린 왕에 대한 걱정은 '솔로몬의 재판'으로 오늘날까지도 유명한 그 재판으로 말미암아 말끔히 거둘 수 있었습니다. 솔로몬은 7년에 걸쳐 예루살렘 성전을 건축하고, 성전 낙성식 기도를 통해 이스라엘이 제사장 나라로 굳게 설 것을 천명했습니다. 하나님께서는 그런 솔로몬에게 지혜를 주셔서 잠언을 자그마치 3,000개나 말할 수 있게 하셨고, 고대 근동에서 이스라엘이 가장 강력한 나라가 될 수 있게 해주셨습니다.

솔로몬이 잠언을 통해 지혜를 말했다면, 아가서를 통해서는 아름다운 사랑을 노래했습니다. 그렇게 통치 전반기를 잘 보냈던 솔로몬이 통치 후반기에 들어서면서 마음이 하나님으로부터 이방 여인들에게로 향하기 시작했습니다.

주변 국가들이 이스라엘에 보낸 조공 가운데 수많은 공주들이 솔로몬의 부인들이 되면서 이방 여인들이 자국의 우상들을 이스라엘로 유입했습니다. 그녀들은 솔로몬의 마음을 하나님으로부터 빼앗았고, 예루살렘을 우상 박물관이 되게 했습니다. 이 일은 하나님의 마음을 아프시게 하는 일이었습니다.

다윗은 평생에 걸쳐 하나님을 사랑하고 그의 마음이 하나님으로부터 떠난 적이 없었습니다. 그런데 솔로몬은 처음 마음과 나중 마음이 달랐던 것입니다. 결국 솔로몬은 노년에 자신의 잘못을 뼈저리게 뉘우칩니다. 그리고 전도서를 기록하여 남깁니다.

솔로몬의 전도서는 그가 그의 잘못에 대해 얼마나 깊게 후회하고 반성했는지를 알 수 있습니다. 솔로몬은 하나님을 떠나 행했던 모든 일에 대해 '헛되다.' 라고 한마디로 고백하며 정의하고 있습니다. 그리고 솔로몬은 전도서를 통해 청년들에게 '젊은 날 창조주 하나님을 기억하라.' 는 마지막 보석 같은 잠언 중의 잠언을 남깁니다.

솔로몬의 시가서와 함께 읽을 하나님의 말씀은 욥기입니다. 욥기는 의인이 당하는 고난에 대해 하나님께서 어떻게 말씀하시는지를 우리에게 가르쳐주고 있습니다. 그리고 여기에서 우리는 다윗의 시편을 제외한 남은 시편들을 함께 읽습니다.

16. 남북 분열 왕조

"분단 200년"

왕상 12-22장, 왕하 1-14장, 암, 호, 욘

이스라엘은 왕정을 시작하면서 사울 왕과 다윗 왕, 그리고 솔로몬 왕의 시대를 보냈습니다. 이때는 통일왕국 시대였습니다. 그런데 솔로몬의 아들 르호보암 때에 이스라엘이 한 민족 두 국가가 됩니다. 하나님께서 여로보암에게 10지파를 나누어주시고, 솔로몬의 아들 르호보암은 2지파를 통치하는 왕이 되게 하셨습니다. 이스라엘은 이때로부터 북이스라엘과 남유다로 나뉘어 200년간 한 민족 두 국가로 분단을 겪게 됩니다.

이 과에서는 〈남북 분열 왕조〉의 분단 200년을 북이스라엘

중심으로 7개의 줄기로 나누어 살펴볼 것입니다.

① 남북 분열
② 오므리 왕조와 엘리야의 사역
③ 오므리 왕조와 엘리사의 사역
④ 예후 왕조
⑤ 예후 왕조와 아모스의 사역
⑥ 예후 왕조와 호세아의 사역
⑦ 요나의 사역

하나님께서 이스라엘을 한 민족 두 국가로 나누신 이유는 솔로몬 시대의 부국(富國)이 오히려 솔로몬의 마음을 하나님으로부터 떠나게 했기 때문입니다. 이스라엘이 강성해지자 주변 국가들이 이스라엘에 조공을 바쳤습니다. 그런데 조공이 도를 넘어 여러 나라의 공주들까지 솔로몬의 후궁이 되는 일이 발생했습니다. 그러면서 예루살렘은 각국의 공주들이 유입한 그들 나라의 우상으로 우상 박물관을 방불케 했던 것입니다.

하나님께서는 이스라엘을 둘로 나누어 더 이상 이스라엘이 조공을 받는 나라가 되지 않게 하셨습니다. 그러나 하나님께서 나라를 둘로 나누기는 하셨으나, 두 나라는 한 민족으로 그들은 1년에 3번 하나님의 이름을 두려고 택함을 입은 곳이 된 예루살렘 성전을 방문하는 일은 반드시 시행해야 했습니다.

그런데 북이스라엘의 왕이 된 여로보암이 단과 벧엘에 금송아지를 세우고, 제사장을 레위 지파가 아닌 일반 지파 사람으로 세우며, 이스라엘의 명절들을 자기 마음대로 바꾸기까지 하면서 북이스라엘의 백성들을 남유다에 있는 예루살렘 성전에 보내지 않았습니다. 이것은 제사장 나라의 사명을 완전히 망각한 행위가 아닐 수 없었습니다. 하나님께서는 이것을 '여로보암의 길'이라고 말씀하시고 여로보암의 길이 아닌 '다윗의 길'로 나아가야 한다고 말씀하셨습니다.

얼마 후 북이스라엘은 여로보암 왕조가 무너지고 오므리 왕조가 들어서게 됩니다. 오므리 왕은 북이스라엘의 수도를 사마리아로 정하고, 베니게(페니키아)의 도시국가 시돈의 공주를 아들 아합의 아내로 데려왔습니다. 아합의 아내가 된 이세벨은 자기 나라에서 바알과 아세라 우상을 유입해 북이스라엘 전역에 퍼뜨렸습니다. 그때부터 북이스라엘은 하나님과 더 멀어지고 바알과 아세라가 득세하게 됩니다. 그러자 하나님께서 엘리야 선지자와 엘리사 선지자를 보내셔서 북이스라엘 왕과 백성들의 마음을 돌이키기 위해 애쓰십니다.

북이스라엘은 엘리사 선지자를 통해 오므리 왕조가 무너지고 예후 왕조가 들어서지만, 예후 왕조도 다윗의 길로 나아가지 못했습니다. 그러자 하나님께서는 북이스라엘에 아모스와 호세아 선지자를 보내셨고, 앗수르의 큰 도시 니느웨에는 요나 선지자를 통해 하나님의 뜻을 전하셨습니다.

17. 북이스라엘 멸망

"사마리아인 시작"

왕하 15-20장, 사, 미

제사장 나라의 사명을 망각하고 '여로보암의 길'로만 내닫는 북이스라엘에 하나님께서 선지자들을 보내셔서 다시 돌아오라고 말씀하셨습니다. 그러나 그럼에도 불구하고 북이스라엘은 200년 동안 나라를 유지하면서 끝내 하나님께로 돌아오지 않았습니다.

그러자 하나님께서는 북이스라엘을 앗수르의 손에 넘겨 나라의 문을 닫게 하십니다. 그리고 북이스라엘 백성들은 혼혈족 사마리아인이 되게 하십니다. 제사장 나라의 사명을 끝까지 외면한 북이스라엘에 대한 처벌이었습니다. 하지만 북이스라엘을 처벌하시는 가운데에서도 하나님께서는 호세아 선지자를 통해 하나님의 마음에 긍휼이 불붙듯 일어나 그들을 용서하고 싶으셔서 하나님 자신에게 처벌을 돌리겠다고 말씀하셨습니다. 예수 그리스도의 십자가를 800년 전에 하나님의 사람 호세아 선지자를 통해 미리 말씀하신 것입니다.

북이스라엘이 멸망하고 혼혈족 사마리아인이 시작되는 〈북이스라엘 멸망〉은 크게 5개의 줄기로 나누어 살펴볼 것입니다.

① 북이스라엘의 멸망과 이사야의 소명
② 아하스의 선택과 이사야의 충고
③ 히스기야의 선택과 이사야의 충고
④ 이사야의 미래 예언
⑤ 미가의 사역과 도시 이야기

북이스라엘은 여로보암 왕을 시작으로 호세아 왕까지 19명의 왕들이 200년 동안 나라를 통치하다가 앗수르에게 멸망했습니다. 북이스라엘이 멸망하기 전 하나님께서는 북이스라엘에 아모스와 호세아 선지자를 보내셔서 최후통첩을 말씀하셨습니다. 그러나 북이스라엘은 하나님의 말씀을 끝내 듣지 않았고 결국 나라의 문은 닫히고 말았습니다. 하나님께서 북이스라엘에 아모스와 호세아 선지자를 보내실 때에 동시대에 남유다에도 하나님의 사람인 선지자들을 보내셨습니다. 그들은 다름 아닌 이사야와 미가 선지자였습니다.

이사야 선지자는 북이스라엘이 앗수르에게 멸망하는 과정에서 조공을 바치며 앗수르에게 잘 보이려고 애쓰는 남유다의 왕 아하스에게 하나님의 뜻을 전했습니다. 이사야 선지자는 아하스 왕에게 남유다가 앗수르에게 굴욕 외교를 할 것이 아니라, 제사장 나라의 사명을 지키는 것이 더 중요하다고 말했습니다. 그러나 남유다의 아하스 왕은 끝내 이사야를 통한 하나님의 말씀에 귀를 기울이지 않았습니다.

이사야 선지자는 아하스 왕의 뒤를 이은 히스기야 왕에게 또다시 하나님의 뜻을 전했습니다. 히스기야 또한 처음에는 이사야의 말을 듣지 않고 자기 나름대로 '반앗수르 친애굽 정책'으로 나라의 위기를 구하려 했으나, 결국 이사야 선지자의 말에 따라 성전에 들어가 하나님께 기도함으로 앗수르로부터 나라를 구하게 됩니다. 그러자 이사야 선지자는 메시아로 오시는 예수님을 예언하고, 미가 선지자는 메시아가 사마리아나 예루살렘 같은 도시가 아닌 시골 베들레헴에서 탄생하실 것을 예언합니다.

18. 남유다 멸망

"마지막 왕 시드기야"

왕하 21-23장, 습, 합, 나, 욜

이스라엘은 사울, 다윗, 솔로몬 시대의 통일왕국 120년간을 보내고, 남북으로 나뉘어 200년간 분단국가로 시간을 보냈습니다. 그러다가 북이스라엘이 앗수르에게 멸망했습니다. 북이스라엘이 앗수르에게 멸망하고, 남유다는 앗수르를 물리친 후 150여 년간 나라를 더 유지했습니다. 하나님께서 남유다에게 북이스라엘의 멸망을 교훈삼아 하나님과 맺은 언약인 제사장 나라의 사명을 되새기고 다시 그 사명을 감당하게 하고자 하셨습니다. 그런데 안타깝게도 남유다마저 하나님께서 주신 시간과 기회를 살리지 못했습니다.

남유다는 150여 년 동안 하나님께서 보내신 선지자들인 스바냐, 하박국, 나훔, 요엘 선지자의 경고를 끝내 무시했습니다. 이제 남유다 또한 북이스라엘처럼 나라의 문을 닫고, 70년간 바벨론으로 끌려가 그곳에서 포로 생활을 해야만 합니다.

〈남유다 멸망〉은 5개의 줄기로 나누어 살펴볼 것입니다.
① 왕정 총결산
② 스바냐의 사역
③ 하박국의 사역
④ 나훔의 사역
⑤ 요엘의 사역

하나님께서 마침내 이스라엘 왕정 500년을 총결산하십니다. 하나님께서는 공평한 저울과 눈금으로 이스라엘이 하나님과 맺은 언약인 제사장 나라의 사명을 잘 감당했는지를 판단하셨습니다. 하나님의 왕정 결산은 결국 왕정을 접어야겠다는 결론이었습니다. 원래 이스라엘은 제사장 나라의 사명을 감당하겠다고 하나님과 언약을 맺은 나라로서 하나님이 왕이신 나라입니다.

그런데 이스라엘 백성들이 끝내 왕정을 요구했기에 하나님께서 최선이 아닌 차선의 선택으로 왕정을 허락하셨던 것입니다. 그러나 이스라엘 왕정 500년은 다윗을 제외하고는 모든 왕들이 제사장 나라와는 상관없는 통치를 함으로 결국 하나님께서 왕정을 폐하기로 결정하셨습니다.

하나님께서는 그럼에도 불구하고 선지자들을 보내셔서 남유다에게 마지막 기회를 주셨습니다. 그 기회가 바로 하나님의 사람들인 선지자들이었습니다. 스바냐 선지자는 남유다 사람들에게 하나님께서 구원을 베푸시는 전능자이심을 말했습니다. 그러므로 남유다 사람들이 회개하고 하나님 앞에 다시 나아가 제사장 나라의 사명을 감당해야 함을 역설했습니다.

하박국 선지자는 하나님께 질문으로 당시 남유다의 답답한 상황을 풀어갔습니다. 그러다가 마침내 하나님의 뜻을 알게 됩니다. 결국 하박국 선지자는 모든 것이 다 사라져도 하나님으로 인해 즐거워할 수 있다는 것을 알게 되고 그것을 노래했습니다.

나훔 선지자는 150여 년 전 요나 선지자를 통해 하나님의 은혜를 입었던 앗수르의 큰 도시 니느웨에 대한 완전한 멸망을 예언합니다. 그리고 요엘 선지자는 하나님의 심판이 가까이 왔으니 남유다 백성들에게 하나님 앞에 회개할 것을 촉구합니다. 그리고 여호와가 하나님이시고, 그 하나님께서는 기도를 들어주시고, 열방에 하나님의 영을 내려주는 분이심을 말합니다.

19. 잠깐의 징계

"예레미야의 설득"

왕하 24-25장, 렘, 애, 옵, 대상, 대하

남유다가 북이스라엘처럼 나라의 문을 닫아야 할 때가 다가오고 있었습니다. 이스라엘의 〈왕정 500년〉이 끝이 나고 있었기 때문입니다. 그러나 남유다의 멸망은 영원한 절망이 아니라, 잠깐의 징계라는 사실을 하나님의 사람 예레미야 선지자가 하나님의 마음으로 전했습니다. 남유다는 나라의 문을 닫고 70년간 바벨론 포로 생활을 하고, 다시 돌아올 것입니다.

그러나 그 기간은 하나님 앞에 잘못한 것에 대한 징계이지 진멸이 아닙니다. 그리고 그 70년간 남유다 사람들은 왕정을 끝내고, 제사장 나라를 다시 교육받고 돌아오게 될 것입니다. 이것이 하나님의 계획입니다.

남유다의 멸망이 영원한 절망이 아닌 〈잠깐의 징계〉라는 예레미야의 설득을 크게 5개의 줄기로 나누어 살펴볼 것입니다.

① 예레미야의 전기 사역
② 예레미야의 후기 사역
③ 예레미야의 슬픈 노래
④ 예레미야의 희망 노래
⑤ 오바댜의 사역

예레미야는 남유다가 이제 나라의 문을 닫게 될 것이라고 예언했습니다. 왜냐하면 남유다가 북이스라엘의 멸망을 보고도 교훈을 받지 못했고, 하나님께서 주신 150년간의 시간 동안에도 끝내 제사장 나라의 사명을 다시 되찾지 못했기 때문입니다.

하나님의 뜻은 이스라엘 백성들이 약속의 땅 가나안에 정착한 이래로 그들이 하나님 앞에 지키지 않은 안식일과 안식년과 희년의 날수들인 70년간 하나님께서 예루살렘 땅을 안식하게 하시는 것입니다. 그 기간 동안 남유다 사람들은 나라의 문을 닫고 바벨론 포로로 다녀와야 합니다.

그 70년간의 바벨론 포로 생활은 하나님의 징계이자, 동시에 제사장 나라 재교육 기간입니다. 그러므로 예레미야는 남유다가 바벨론에 저항하지 말고 순순히 바벨론에 항복하고 바벨론 포로로 다녀오라는 것입니다. 그런데 예레미야가 전한 하나님의 뜻을 남유다의 왕에서부터 일반 백성들에 이르기까지 아무도 받아들이지 않았습니다.

결국 남유다는 바벨론에게 예루살렘 성을 함락당하고, 예루살렘 성전과 성과 집들이 불타고, 수많은 사람이 죽고, 시체가 나뒹구는 슬픈 나라가 되고 말았습니다. 그 불타는 예루살렘을 바라보며 예레미야가 밤새 울었습니다. 그러다 새벽에 예레미야가 다시 소망을 노래하기 시작했습니다.

예레미야는 하나님께서 남유다 사람들을 진멸하시지 않고 '남은 자' 들을 살려주셨음에 감사했습니다. 그들이 소망이고, 그들을 통해 하나님께서 다시 제사장 나라를 시작하실 것이기 때문입니다.

동시대에 오바댜 선지자는 에돔족(에서)의 완전한 멸망을 예언합니다. 그들은 남유다(야곱)가 멸망할 때 좋아하고 더 나아가 남유다가 멸망하는 것을 적극적으로 돕기까지 했기 때문입니다.

3

페르시아 7권

7 Books during the Persian Empire

"유대인의 시작과 페르시아 제국의 도움"

20. 포로민 설득

"에스겔"

겔

남유다가 바벨론 제국에게 멸망하는 과정에서 예루살렘에서는 하나님의 사람 예레미야가 하나님의 마음으로 울고 하나님의 마음으로 소망을 노래했습니다. 예레미야가 불타버린 예루살렘을 바라보며 밤새 울다가 새벽에 소망을 노래한 이유는 예루살렘의 모든 사람들이 다 진멸되지 않고, 그래도 바벨론으로 이미 1차와 2차로 끌려가 있었던 남유다 포로들이 '남은 자' 로 살아 있다는 사실을 깨달았기 때문입니다.

그리고 이제 바벨론 제국에 의해 함락된 예루살렘 성에서 살아남은 예루살렘 사람들이 3차 포로로 또 바벨론으로 끌려갈 것이지만 그래도 그들이 살아 있다는 것입니다. 그래서 예레미야가 다시 소망을 발견하고 하나님의 사랑이 크다는 사실을 노래했습니다. 그들은 바벨론에서 70년간 제사장 나라를 재교육 받고 거룩한 시민으로 귀환할 것입니다.

이후 예레미야는 바벨론으로 끌려간 남유다 사람들(1,2,3차로 끌려간 바벨론 포로들)에게 끊임없이 편지를 보내 하나님의 본심을 전달합니다. 그리고 불타버린 건물 성전보다 더 중요한 것이 하나님의 새 언약 즉, 마음 언약임을 말합니다. 이 사실을 2차 포로들과 함께 바벨론으로 끌려가 있었던 에스겔 선지자가 바벨론에서 남유다 사람들에게 전한 것입니다.

예루살렘에서는 예레미야 선지자가 편지로, 그리고 바벨론 현지에서는 에스겔 선지자가 예레미야의 편지와 하나님으로부터 받은 하나님의 말씀을 통해 힘을 합쳐 바벨론 포로들을 설득해 나갔습니다.

에스겔 선지자의 〈포로민 설득〉은 크게 4개의 줄기로 나누어 살펴볼 것입니다.

① 에스겔의 소명
② 유다의 징계와 심판
③ 이방 민족에 대한 심판 선언
④ 유다의 회복에 대한 예언

에스겔은 25세의 젊은 나이에 남유다의 1만 명의 유능한 기술자들과 함께 2차 바벨론 포로로 끌려간 제사장이었습니다. 에스겔은 1만 명의 남유다 포로들과 함께 바벨론의 그발 강가에서 바벨론이 시키는 노역을 해야만 했습니다. 그곳에서 하나님으로부터 소명을 받은 에스겔은 바벨론으로 끌려온 남유다 포로들에게 하나님의 뜻을 전해야만 했던 것입니다.

그러나 남유다 포로들은 하나님에 대해 크게 오해하고 있었기 때문에 에스겔을 통한 하나님의 말씀을 들으려 하지 않았습니다. 그들은 첫째, 하나님께서 힘이 없으셔서 바벨론으로부터 남유다를 구해주지 못하셨다고 생각했습니다. 둘째, 자신들은 잘못도 없는데 자신들의 조상의 죄 때문에 자신들이 처벌받는다고 생각했습니다.

에스겔은 그들의 생각을 변화시켰습니다. 그들이 바벨론 포로가 된 것은 남유다가 제사장 나라의 사명을 감당하지 못했기 때문이고, 70년간 제사장 나라를 재교육 받고 귀환하면 거룩한 시민으로 복귀할 것을 말입니다. 에스겔을 통해 설득된 그들이 예레미야가 말한 소망이었습니다.

21. 제국 변동의 밑그림

"다니엘"

요단

하나님께서는 에스겔 선지자를 통하여 바벨론으로 끌려간 포로들에게 "하나님은 악인이 죽는 것을 기뻐하시지 않고, 악인이 죄의 길에서 돌이켜 하나님께 돌아오는 것을 기뻐하시는 분"이라는 사실을 말씀하셨습니다. 에스겔 선지자를 통하여 바벨론 포로들은 하나님이 어떤 분이신지 깨닫게 되었습니다. 그러자 그때부터 남유다 포로들은 다른 나라에서 바벨론으로 끌려온 포로들과 달리 바벨론에서 월등하게 살아남게 됩니다.

에스겔은 1만 명의 남유다 유능한 기술자들과 함께 2차 바벨론 포로로 끌려갔던 하나님의 사람이었습니다. 그런데 그 전에 1차로 바벨론이 끌어간 포로들이 있었는데 그들이 다니엘과 3명의 천재 청소년들이었습니다.

1차 바벨론 포로들은 형식상으로는 바벨론이 포로로 끌어간 것이었지만, 실제로 그들은 마치 바벨론 국비 유학생과 같은 형태의 포로들이었습니다. 바벨론 제국은 그들이 점령한 여러 나라에서 월등한 천재 청소년들을 끌어다가 바벨론 왕궁에서 엄청난 재정을 투입해 가면서 바벨론 방식의 이데올로기 교육을 시켰기 때문입니다.

그런데 남유다의 포로였던 다니엘이 그곳에서 예레미야의 편지를 읽고 하나님께서 남유다를 왜 바벨론으로 보내셔서 70년간의 징계와 제사장 나라 재교육을 시키시는지 알게 되었습니다. 그리고 하나님께서는 다니엘에게 바벨론 제국의 수명과 이어지는 제국들의 변동을 미리 말씀해주셨습니다.

하나님께서 다니엘에게 말씀하신 〈제국 변동의 밑그림〉은 크게 5가지의 줄기로 나누어 살펴볼 것입니다.

① 포로로 잡혀간 다니엘
② 네 짐승 환상
③ 사자굴 속의 다니엘
④ 다니엘의 기도
⑤ 미래에 대한 환상

10대 청소년으로 바벨론 제국의 1차 포로로 끌려갔던 다니엘과 3명의 친구들은 바벨론 왕궁에서 바벨론 제국을 위한 교육을 받았습니다. 그러나 다니엘은 바벨론 왕궁에서 오히려 뜻을 정해 제사장 나라의 법대로 살기로 결심했습니다. 그러한 다니엘을 하나님께서 돌보아주셨습니다.

다니엘은 바벨론의 왕 느부갓네살의 꿈을 맞추고 그 꿈을 해석하는 과정에서 바벨론 제국이 70년 만에 멸망하고, 곧이어 페르시아 제국과 헬라 제국, 그리고 로마 제국이 연달아 등장하게 될 것을 알게 됩니다. 그리고 하나님의 뜻과 하나님의 계획을 알게 됩니다.

정말 70년 만에 바벨론 제국이 멸망하고, 새롭게 등장한 페르시아 제국에서도 다니엘은 놀랍게도 왕의 큰 신임을 받게 됩니다. 다니엘은 페르시아 제국 신하들의 시기와 질투로 사자굴에까지 들어가지만, 하나님께서는 그곳에서 다니엘을 구해주십니다. 다니엘은 조국 남유다를 위해 하루에 세 번 기도하는 것을 멈추지 않았고, 깊은 기도를 통해 환상을 보는 영성의 사람으로 하나님의 말씀을 전하는 선지자로서의 사명까지 감당했습니다.

예레미야를 통해 하나님께서 말씀하신 대로 제국을 능가하는 놀라운 힘은 제사장 나라에 있다는 사실이 다니엘을 통해 증명된 것입니다. 제국들은 영원을 말하지만, 어떤 제국도 영원한 제국은 없었습니다. 하지만 하나님의 말씀은 창세로부터 언제까지나 영원합니다.

22. 성전 재건

"스룹바벨 총독"

스, 학, 슥, 에

하나님께서 예레미야 선지자를 통해 말씀하신 대로 70년 만에 바벨론이 제국의 문을 닫았습니다. 그리고 고대 근동의 새로운 주인으로 페르시아 제국이 등장했습니다. 때문에 바벨론으로 끌려가 있었던 남유다 포로들은 바벨론을 점령한 페르시아 제국의 포로로 신분이 바뀌게 되었습니다. 바벨론 제국은 그들의 제국 정책에 의해 각 나라에서 포로들을 끌어왔었습니다.

그런데 페르시아 제국은 그들의 제국 정책을 바벨론 제국과 다르게 시행하면서 바벨론 제국이 여러 나라에서 끌어온 포로들을 돌려보내는 정책을 펼쳤습니다.

그래서 각기 자기 나라로 귀환한 포로들은 자국으로 돌아가 경제를 활성화시켜 페르시아 제국에 세금을 바치면 되는 것이었습니다. 또한 페르시아 제국은 그들이 다스리는 식민지 국가에 정치적 자유를 주지는 않았지만, 종교에 있어서는 상당한 자유를 주는 정책을 시행했습니다. 그 혜택을 남유다 사람들도 받게 된 것입니다.

특히 페르시아의 고레스(키루스 2세) 왕은 남유다에 대해 매우 우호적인 자세를 취하며 남유다 포로들이 예루살렘으로 귀환한다면 그들 편에 바벨론 제국이 남유다의 예루살렘 성전에서 가져온 성전 기명들까지 돌려주겠다고 했습니다.

그리하여 남유다 포로들이 예루살렘으로 귀환하기 시작했습니다. 바벨론 포로가 3차에 걸쳐 끌려왔는데, 페르시아로부터의 귀환 또한 3차에 걸쳐 진행되었습니다. 1차와 2차 귀환자들, 그리고 그들이 예루살렘에서 다시 재건한 예루살렘 성전 이야기는 크게 6개의 줄기로 나누어 살펴보면 다음과 같습니다.

① 1차 귀환과 성전 재건 시도
② 학개의 사역
③ 스가랴의 사역
④ 성전 재건의 기쁨
⑤ 에스더 이야기
⑥ 2차 귀환

페르시아 제국의 귀환 허락으로 총독 스룹바벨과 함께 상당수의 남유다 포로들이 예루살렘으로 귀환했습니다. 예루살렘은 70년 전에 바벨론 제국의 군인들이 예루살렘 성전과 성과 집들을 불태우고 부숴버린 그 상태 그대로였습니다. 때문에 예루살렘에 도착한 사람들은 전쟁 후 피해 복구와 같은 일을 위해 구슬땀을 흘려야 했습니다.

예루살렘으로 귀환한 사람들은 가장 먼저 불타버린 예루살렘 성전을 재건하려 했습니다. 그런데 오랜 세월 남유다와 반목 관계를 가져온 사마리아 사람들이 성전 재건을 방해하기 시작했습니다. 결국 그들의 방해로 성전 재건은 16년간이나 중단됩니다. 그러나 성전 재건이 중단된 지 16년 만에 결국 학개와 스가랴 선지자가 다시 성전 건축을 독려함으로 예루살렘 성전 건축을 완공하게 됩니다.

그리고 1차 귀환이 이루어진 이후 상당한 시간이 지난 후 페르시아로부터의 2차 귀환이 학사 에스라의 지도하에 이루어집니다. 1차 귀환과 2차 귀환 사이에 페르시아 제국에서는 에스더가 왕후가 되어 그곳에 살고 있던 남유다 백성들의 생명을 구하고 부림절이라는 명절을 세우는 일도 있었습니다.

23. 성벽 재건

"느헤미야 총독"

느

1차 포로 귀환의 지도자 총독 스룹바벨이 학개, 스가랴 선지자와 함께 불타버린 예루살렘 성전을 재건했다면, 3차 포로 귀환의 지도자 총독 느헤미야는 무너진 예루살렘 성의 성벽을 재건했습니다. 성전 재건은 종교적인 일이었기 때문에 지난 70년 동안 예루살렘에 살고 있던 사람들의 방해 외에는 실상 그렇게까지 어려운 일은 아니었습니다. 그러나 성벽 재건은 남유다가 페르시아 제국의 식민지 국가인 상태에서는 정치적이고, 동시에 군사적인 일이었기 때문에 상당히 어려운 일이었습니다.

그런데 페르시아에서 태어나고 페르시아에서 자란 느헤미야가 예루살렘에 대해 늘 관심을 가지고 예루살렘의 형편을 알아보던 중 예레미야 이후 150년이 지났음에도 예루살렘 성의 성벽이 아직도 무너져 있는 상태로 안전에 큰 문제가 있다는 사실을 알게 됩니다. 이에 느헤미야가 하나님 앞에 뜻을 정하고, 먼저 페르시아 제국의 고위 공직자가 됩니다. 그리고 페르시아 왕의 신임을 받은 후, 예루살렘의 총독이 되어 왕의 허락하에 예루살렘 성의 성벽을 재건한 것입니다.

3차 포로 귀환의 지도자이자 페르시아 제국이 예루살렘에 파견한 총독 느헤미야가 예루살렘 성의 성벽을 재건한 이야기는 크게 4개의 줄기로 나누어 살펴볼 것입니다.

① 느헤미야의 기도
② 3차 귀환
③ 성벽 재건
④ 성경통독집회와 성벽 낙성식

느헤미야가 페르시아의 고위 공직자가 된 것은 그의 중간목표였습니다. 느헤미야의 최종목표는 150년 전 불타버린 예루살렘 성전과 성과 집들, 그리고 바벨론 군인들이 다 파괴

한 예루살렘 성벽을 바라보며 울었던 예레미야의 울음과, 아이들과 여자들의 울음을 웃음으로 바꾸어주고 싶은 것이었습니다. 그래서 느헤미야가 페르시아 제국의 고위 공직자가 되어 왕의 신임을 받게 되자 왕에게 예루살렘 성벽 재건을 요청한 것입니다.

그 일을 앞두고 느헤미야가 왕을 만나기 직전 하나님께 기도했고, 하나님께서 느헤미야의 그 기도를 들어주셨습니다. 하나님께서 페르시아 왕의 마음을 감동케 하셔서 느헤미야의 모든 요구를 다 들어주게 하신 것입니다.

그래서 느헤미야가 3차 포로 귀환의 지도자이자 페르시아 제국이 예루살렘에 파견하는 총독의 지위를 가지고 예루살렘으로 귀환하게 된 것입니다. 예루살렘 성전을 재건할 때처럼 예루살렘 성의 성벽을 재건하려 하자 또다시 방해 세력이 나타났습니다. 그러나 느헤미야는 그 모든 방해를 뚫고 52일 만에 150년 전에 파괴되었던 성벽을 모두 재건합니다. 그러자 사회적 약자들인 여자들과 아이들이 기뻐서 큰 소리로 웃었습니다. 150년 만에 예루살렘이 슬픔이 변하여 기쁨이 넘치는 곳이 된 것입니다.

느헤미야는 성벽 낙성식을 기념하면서 학사 에스라와 함께 모든 백성들을 위한 성경통독집회를 열었습니다. 일주일간 에스라가 모든 백성들 앞에서 〈모세5경〉을 읽고 그 뜻을 설명해주자 모든 백성들이 울며 하나님 앞에 회개하는 일이 벌어졌습니다. 드디어 귀환 공동체가 재건 공동체이자 제사장 나라의 거룩한 시민으로 회복된 것입니다.

24. 고백과 침묵

"1,500년 사랑 고백"

말

느헤미야가 남유다의 모든 백성들과 함께 진정한 재건 공동체를 이루어가자 남유다 백성들은 비록 페르시아 제국의 식민지 백성이기는 하지만 그럼에도 불구하고 제사장 나라를 회복해가기 시작했습니다. 이제 왕도 없고, 왕궁도 없지만, 제사장 나라의 사명을 다시 감당하고자 그들이 노력하기 시작했기 때문입니다.

그런데 안타깝게도 시간이 지날수록 처음 다짐했던 그들의 마음들이 점점 옅어지기 시작했습니다. 그들은 더 이상 우상을 섬기거나 안식일을 범하는 죄를 짓지는 않았으나, 하나님에 대한 마음이 차츰 식어가기 시작했습니다. 마음은 없고 형식만 남게 된 것입니다.

그래서 하나님께서는 말라기 선지자를 통해 그들의 마음 없는 형식주의를 책망하셨습니다. 그러나 재건 공동체는 하나님의 말씀을 듣고 회개하거나 잘못을 뉘우치려 하지 않았습니다. 그리고 도리어 "주께서 우리를 어떻게 사랑하셨나이까?"라고 하나님께 반문하며 냉소적인 모습만을 보였습니다. 참으로 쓸쓸하기 그지없습니다.

하나님의 사랑 고백과 이어지는 하나님의 400년의 침묵은 크게 3개의 줄기로 나누어 살펴볼 것입니다.
① 하나님과 이스라엘의 슬픈 대화
② 제사장들과 백성의 범죄
③ 하나님의 침묵

70년간 바벨론 포로로까지 보내져 제사장 나라의 거룩한 시민으로 재교육을 받았음에도 불구하고 귀환한 남유다 사람들은 또다시 하나님으로부터 마음이 멀어져만 가고 있었습니다. 귀환 직후 예루살렘 성전을 재건하고, 성벽을 재건할 때까지만 해도 뜨거웠던 그들의 마음이 점차 냉소적으로 변하기 시작한 것입니다.

그들은 하나님께 제사를 드리고, 안식일과 안식년과 희년을 지켰지만, 그 모든 것에 진정한 마음은 빠져 있었습니다. 페르시아 총독에게 바치는 세금은 좋은 것을 골라 바쳤지만, 하나님께 드리는 제사의 제물은 병든 것이나 약한 것을 골라 처리하는 것 같은 제사를 드렸습니다. 제사장들도 그들이 집례하는 제사의 형식은 흠잡을 데 없었지만, 마음을 다하지 않았습니다. 그리고 더 이상 자신들은 우상을 섬기지는 않는다고 하나님 앞에 의로운 척까지 했습니다.

하나님께서 결국 말라기 선지자를 통해 귀환 공동체를 질타하셨습니다. 그러자 그들은 자신들의 잘못을 뉘우치기는커녕 도리어 하나님께서 언제 자신들을 사랑하기라도 하셨느냐며 반감까지 표출했습니다. 1,500년 하나님의 사랑이 무의미해지는 광경이 아닐 수 없습니다. 그러자 하나님께서 침묵하십니다. 말라기 선지자 이후 400년간 어떤 말씀도 하지 않으신 것입니다.

구약은 이렇게 쓸쓸하게 끝이 납니다. 그러나 이게 끝이 아닙니다. 하나님께서 하나님의 독생자 예수 그리스도를 이 땅에 보내기로 작정하셨기 때문입니다.

4

중간사 400년

A Blank Page Full of History

"유대인 분파"

25. 헬라 제국과 중간사

"수전절 시작"

말라기와 마태복음 사이의 400년의 시간을 구약과 신약 사이라 하여 〈신구약 중간사〉라고 합니다. 그런데 구약의 마지막 책인 말라기에는 페르시아 제국이 등장하고 있고, 신약의 첫 번째 책인 마태복음은 로마 제국이 등장해 있습니다. 그 이유는 신구약 중간사 400년 동안 페르시아 제국이 멸망하고, 헬라 제국 또한 등장했다가 사라지고, 로마 제국이 새로운 제국으로 등장해 지중해를 마치 그들의 호수처럼 사용하는 시대가 되어 있었기 때문입니다.

신구약 중간사는 페르시아 제국을 멸망시키고 등장한 헬라 제국과, 헬라 제국을 멸망시키고 등장한 로마 제국으로 크게 나누어 살펴보아야 합니다. 먼저 살펴볼 헬라 제국은 마케도니아의 알렉산더(알렉산드로스) 대왕에 의해 세워진 드넓은 대제국입니다.

그런데 헬라 제국은 알렉산더가 큰 제국을 건설해놓고 32세의 젊은 나이에 갑자기 죽기 때문에 얼마 가지 못해 알렉산더 대왕의 부하 장수들에 의해 분할 통치됩니다. 바벨론 제국에 의해 유대인, 그리고 유대 나라라고 불리기 시작한 유대는 처음에는 헬라 제국에서 이집트 헬라 제국이라 할 수 있는 프톨레미 왕조의 지배를 받다가, 그 후에는 시리아 헬라 제국이라 할 수 있는 셀루커스 왕조의 지배를 받게 됩니다.

먼저 유대가 이집트 헬라 제국의 지배를 받던 시기에는 페르시아 제국의 지배와 크게 차이가 없었습니다. 세금을 바치는 나라가 페르시아에서 헬라로 바뀌었을 뿐이었습니다. 그리고 그 시기에 오히려 이집트 헬라 제국은 유대의 〈모세5경〉을 존중해 유대 학자들을 이집트로 초청해 〈모세5경〉을 히브리어에서 헬라어로 번역해 칠십인역성경을 헬라 제국 전역에 퍼뜨리기까지 했습니다.

그런데 유대의 분위기가 완전히 바뀌게 된 것은 유대의 통치가 이집트 헬라 제국에서 시리아 헬라 제국으로 바뀌게 되면서부터였습니다. 시리아 헬라 제국이 유대를 통치하게 된 후 얼마 지나지 않아 로마가 신생국가로 등장합니다. 그런 과정에서 시리아 헬라 제국과 로마가 전쟁을 하는데, 그 전쟁에서 시리아 헬라 제국이 로마에게 패했습니다. 그 전쟁을 종료하기 위해 시리아 헬라 제국은 로마에 어마어마한 전쟁 배상금을 물어주어야 했습니다.

시리아 헬라 제국은 로마에 전쟁 배상금을 갚기 위해 그들이 통치하는 나라에서 많은 세금을 거두어갔고, 심지어 그들이 통치하는 나라의 신전에까지 들어갔습니다. 그 과정에서 시리아 헬라 제국이 예루살렘 성전 금고까지 손댔던 것입니다. 그리고 시리아 헬라 제국은 예루살렘 성전에 제우스신상을 가져다 놓고 절하게 하며, 돼지피를 성전에 뿌리고, 제사장들을 살육하는 일까지 저질렀습니다.

그러자 유대에서 폭동이 일어났고, 그 폭동을 유대는 마카비 혁명이라 불렀습니다. 유대의 저항이 얼마나 거세었던지 결국 마카비 혁명으로 시리아 헬라 제국이 유대에서 철수하게 되고, 헬라 제국에 의해 더렵혀졌었던 예루살렘 성전은 다시 회복되어 성전을 청결하게 한 '수전절'이 생겨났습니다. 그리고 그 과정에서 유대에는 여러 분파들(바리새파, 사두개파, 에세네파)이 생겨났습니다.

마카비 혁명으로 말미암아 유대는 다윗 왕조 이후 오랜만에 잠시 하스몬 왕조라는 독립국가를 세우게 됩니다. 하스몬 왕조는 이후에 로마 제국에 의해 멸망하지만 유대는 앗수르, 바벨론, 페르시아, 헬라 제국의 지배를 받는 과정에서 로마 제국에게 다시 나라를 빼앗기기 직전에 잠시나마 독립국가의 시간을 가진 것으로 나름 의미가 있다고 할 수 있습니다.

26. 로마 제국과 중간사

"분봉 왕 시작"

오랜만에 잠시 독립을 누렸던 유대가 또다시 로마 제국의 지배를 받는 식민지 국가가 되고 맙니다. 그런데 로마 제국은 그들이 통치하는 많은 나라들 가운데 유대 나라에 대해서는 특별한 정치력을 발휘하며 통치했습니다. 왜냐하면 유대는 다른 문제들은 일으키지 않는 반면 예루살렘 성전에 대해서만은 유독 예민한 반응을 보였고, 성전을 모독했다는 이유로 폭동을 일으켜 시리아 헬라 제국과 맞서 싸워 이기기까지 했기 때문입니다.

그래서 로마 제국은 예루살렘에는 분봉 왕 헤롯을 통해 정치를 맡겼고, 예루살렘에서 떨어진 가이사랴에 총독과 로마 제국의 군단을 두어 국방과 치안을 담당하게 했습니다. 종교만은 유대에게 전권을 주어 유대의 대제사장들이 그들의 종교법으로 재판을 통해 심지어 돌로 쳐 죽여도 되는 일까지 허락해주었습니다. 그래서 페르시아 제국 때 만들어진 유대의 종교 지도부인 산헤드린 공회가 로마 제국 때에 더욱 그 힘이 강력해졌던 것입니다.

때문에 유대는 왕도 없고, 나라도 잃은 상태였으나, 예루살렘 성전을 중심으로 하는 대제사장들과 그들이 속한 산헤드린 공회는 로마 제국의 지배하에도 불구하고 상당한 종교 권력을 가진 집단이었습니다. 그 권한으로 그들은 예수님을 재판할 수 있었고, 더 나아가 스데반을 죽일 수도 있었던 것입니다. 또한 산헤드린 공회는 로마 제국 전역에 뻗어 있는 디아스포라 유대인들의 회당에 공문을 보내 디아스포라 유대인들의 종교적인 면에 대해 모두 관할하고 치리하기까지 했던 것입니다.

로마 제국 전역에서 세금의 누수가 없게 하려고 로마 제국은 모든 식민지의 국민들로 하여금 정해진 날까지 고향에 가서 호적을 하게 했습니다. 그래서 해산할 날이 다가왔는데도 불구하고 요셉과 마리아는 베들레헴에 가야 했고 아기 예수님께서 그곳에서 탄생하게 되었던 것입니다. 그리고 로마 제국은 식민지에서 자국민들로 세리가 되게 하여 세금을 걷게 했습니다. 그래서 유대에서도 유대인들이 세리가 되었고, 세리는 유대 사회에서 가장 천한 사람으로 취급받았습니다.

로마 제국은 신구약 중간기를 거쳐 신약성경까지도 큰 영향을 끼칩니다. 〈4복음서〉와 〈사도행전 30년〉, 그리고 〈공동서신 9권〉까지 신약성경이 모두 로마 제국과 깊은 관련이 있기 때문입니다. 때문에 신구약 중간사에서 헬라 제국과 함께 로마 제국을 살펴보는 것은 성경의 줄기를 연구하는 데 매우 중요한 일이라 할 수 있습니다.

5

4복음서

The 4 Gospels

"그리스도와 하나님 나라"

27. 예수님의 탄생

"기쁨을 위한 탄생"

마

로마 제국하에서 유대의 세리였던 마태가 예수님의 제자가 되어 3년간 예수님께 하나님 나라를 배우고, 예수님의 십자가와 부활 승천을 보고 나서는 성령이 충만해져 초기교회의 사도가 됩니다. 그가 예수님의 증인이 되어 기록한 하나님의 말씀이 마태복음입니다. 마태복음은 〈4복음서〉 가운데 예수님의 탄생이 기쁨을 위한 탄생임을 가장 잘 증언하고 있습니다.

〈예수님의 탄생〉은 크게 6개의 줄기로 살펴볼 것입니다.

① 예수님의 족보

② 요셉과 마리아

③ 예수님의 탄생
④ 예수님의 어린 시절
⑤ 예수님의 길을 예비한 세례 요한
⑥ 시험을 받으신 예수님

예수님께서는 아브라함과 다윗의 자손으로 유대 땅 베들레헴에서 태어나셨습니다. 아브라함은 하나님과 '모든 민족'을 위한 언약을 맺은 믿음의 한 사람으로 그의 후손들이 민족을 이루고 하나님과 제사장 나라 언약을 맺었습니다. 그리고 다윗은 제사장 나라의 모범 중의 모범이라 할 수 있습니다.

그런데 아브라함의 후손들은 하나님과 제사장 나라의 언약을 맺었음에도 불구하고 그 언약을 지키지 못해 앗수르, 바벨론, 페르시아, 헬라 제국의 지배를 받다가 로마 제국의 지배까지 받는 민족이 되어 있었습니다.

때문에 예수님 당시의 아브라함의 후손들인 유대인들은 로마 제국의 식민지 백성으로 살면서 아브라함과 다윗 시대를 그리워하며 그 시대를 회복하고 싶어 했습니다. 예수님의 제자 마태는 동족 유대인들에게 예수님이 누구이신지 소개하기 위해 마태복음을 기록했습니다. 마태는 유대인들에게 예수님은 다름 아닌 아브라함과 다윗의 자손으로 이 땅에 오신 분이라고 밝히고 있습니다.

예수님의 탄생에는 예수님의 육신의 부모인 마리아와 요셉의 헌신이 있었습니다. 그리고 유대 땅 베들레헴에 태어나신 아기 예수님을 경배하러 먼 동방에서 온 박사들의 수고가 있었습니다. 또한 베들레헴 들녘에서 양 틈에 자던 목자들의 찬양과 경배가 있었습니다.

하나님께서는 독생자 아들을 이 땅에 보내시면서 예수님의 탄생을 "하늘에는 영광이고, 땅에는 평화"라고 말씀하셨습니다. 성자 예수님께서 성부 하나님과 동등되심을 버리고 '모든 민족'을 구원하시기 위해 이 땅에 내려오신 것이 하늘의 영광입니다. 그리고 예수님의 탄생은 이 땅 모든 사람들에게 진정한 평화입니다.

예수님께서는 어린 시절 지혜와 키가 자라며 모든 사람들에게 칭찬받으셨습니다. 그리고 30세에 공생애를 시작하시면서 40일간 금식하신 후 사탄의 시험을 이기시고, 세례 요한에게 세례를 받으시며 또다시 하나님으로부터 "이는 내 사랑하는 아들이요 내 기뻐하는 자라."라는 말씀을 들으셨습니다. 하나님의 아들이시고 하나님의 기쁨이신 그분이 우리 구주 예수님이십니다.

28. 공생애 3년

"한 영혼 사랑"

서 막

예수님께서는 이 땅에서 33년 동안 사셨는데 그 가운데 3년간의 공생애를 보내셨습니다. 3년 공생애 동안 예수님께서는 먹이시고, 가르치고, 고치시고, 용서하시고, 기도하시는 일을 하셨습니다. 특히 예수님께서는 한 영혼 사랑에 모범을 보이셨고, 한 영혼이 천하보다 귀하다고 말씀하셨습니다.

이 과에서는 예수님의 3년간의 공생애 가운데 예수님께서 한 영혼을 어떻게 사랑하시고, 어떻게 모범을 보이셨는지를 10개의 줄기로 살펴볼 것입니다.

① 제자들을 부르심

② 예수님의 가르침, 산상수훈
③ 비유로 가르치신 예수님
④ 생명의 떡이신 예수님
⑤ 사람을 사랑하는 예수님의 손
⑥ 사랑 때문에 피곤하신 예수님
⑦ 거라사 광인을 온전케 하심
⑧ 선한 사마리아인 비유
⑨ 재물의 사용에 관한 가르침
⑩ 소외된 자들의 친구 예수님

예수님께서는 공생애를 시작하시면서 먼저 동역할 제자들을 부르셨습니다. 예수님께서는 제자들을 찾아가셔서 그들을 직접 제자 삼으시고, 그들과 3년간 함께 먹고 주무시면서 하나님 나라를 전파하셨습니다. 그리고 많은 사람들에게 하나님 나라를 가르쳐주시면서 누구나 이해하기 쉽게 예를 들어 비유로 하나님 나라는 이러하다고 풀어서 설명해주셨습니다.

예수님께서는 많은 병자들을 불쌍히 여기시며 그들을 고쳐주셨고, 식사하실 겨를도 없이 사람 사랑하는 일을 하셨습니다. 낮 동안 하루 종일 하나님 나라를 가르치시고, 병자들을 고치신 예수님께서 어느 날 밤에 제자들에게 바다를 건너 거라사 지방으로 가자고 말씀하셨습니다.

제자들이 배를 구해 밤에 노를 젓는데 큰 광풍이 일어 배가 뒤집힐 정도였습니다. 그런데 예수님께서는 깊이 잠들어 계셨습니다. 얼마나 피곤하시면 광풍을 느끼지 못할 정도로 깊이 주무시고 계셨을까요. 결국 제자들이 잠들어 계신 예수님을 깨웠습니다. 그러자 잠에서 깨신 예수님께서 "바다야 잠잠하라."라고 말씀하셨고, 그러자 바다가 잠잠해졌습니다.

바다를 잠잠하게 하신 예수님께서는 밤에 드디어 제자들과 함께 거라사 지방에 도착하십니다. 그곳에는 가족들과 떨어져 무덤가에서 쇠사슬에 묶여 살고 있는 귀신 들린 자가 있었습니다. 예수님께서 그 한 사람을 위해 그 밤에 그 피곤을 무릅쓰고 제자들과 함께 그곳까지 찾아가셨던 것입니다. 예수님께서는 그 귀신 들린 한 사람을 불쌍히 여기시고 그 사람을 고쳐주셨습니다. 이것이 예수님께서 우리에게 가르쳐 주신 '한 영혼 사랑' 입니다.

예수님께서는 지난 800년간 혼혈족으로 멸시받으며 살아왔던 사마리아인들을 회복시켜주셨고, 재물을 하늘 곳간에 쌓아야 함도 가르쳐주셨습니다. 그리고 예수님께서는 소외된 자들을 돌보시며 사람들의 관심이 그들에게로 향하도록 가르쳐주셨습니다. 공생애 3년 동안 예수님께서는 이처럼 촌음을 아끼시며 몸소 사람 사랑하시는 일을 하시며 그들이 모두 하나님 나라 백성이 되게 하기 위해 애쓰셨습니다.

29. 마지막 일주일

"용서를 향한 열정"

예수님의 공생애 3년 가운데 가장 중요한 일주일은 십자가를 앞두고 맞으셨던 일주일입니다. 3년 동안 '하나님의 사랑'과 '사람의 가치'를 가르쳐주신 예수님께서 드디어 십자가를 향해 내딛는 일주일은 하나님의 사랑의 대상인 '모든 민족'의 '천하 만민'에 대한 구원의 역사를 이루는 일이기 때문입니다.

예수님의 용서를 향한 열정의 정점인 〈마지막 일주일〉은 크게 8개의 줄기로 나누어 살펴볼 것입니다.

① 제자들의 오해

② 나귀 타시고 예루살렘 입성
③ 성전 청결
④ 종교 지도자들과 부딪히심
⑤ 종말에 대한 교훈
⑥ 마지막 만찬
⑦ 잡히신 예수님
⑧ 빌라도의 재판

예수님과 3년간 동역한 제자들에게 예수님께서 가르쳐주신 것은 하나님 나라와 한 영혼 사랑이었습니다. 그런데 예수님의 제자들은 예수님께서 가르쳐주시지 않은 서로 높아지는 것을 두고 다투기 시작했습니다. 예수님께서 예루살렘 성에 들어가 정치적으로 혹은 종교적으로 높은 자리에 오르신다면 12명 가운데 누가 1인자가 되느냐를 놓고 서로 신경전을 벌이는 일이나 하고 있었던 것입니다.

그러나 예수님께서는 겸손의 상징인 나귀를 타고 예루살렘 성에 입성하셨습니다. 그리고 예루살렘 성전에 올라가셔서는 이방인의 뜰을 없애버리고 그곳을 유대인들만을 위해 장사하는 사람들로 가득 채운 성전의 대제사장들을 질타하시고 장사하는 사람들을 내쫓으셨습니다.

하나님께서 다윗에게 주셨던 성전의 설계도에 의하면 성전은 하나의 큰 건물 안에 휘장으로 성소와 지성소를 구분하고, 성전 바깥 쪽 이방인 뜰은 세상 모든 사람들을 위한 공간으로 누구나 와서 하늘의 하나님께 기도할 수 있는 곳이었습니다. 다시 말해 이방인의 뜰은 모든 민족을 위한 장소이고, 그곳은 하나님께 만민이 기도하는 곳이었습니다. 그런데 예루살렘 성전의 대제사장들이 그곳을 유대인들만을 위해 하나님께 드리는 제사에 쓸 제물을 사고파는 곳으로 용도를 변경해놓았습니다

그래서 예수님께서 성전의 본래 의미를 되살려놓으셨던 것입니다. 그러자 로마 제국의 식민지였음에도 불구하고 유대 내부에서 종교 권력을 가지고 있던 예루살렘 성전의 대제사장들과 그들이 속한 산헤드린 공회가 예수님에 대해 불편해하며 심지어 예수님을 잡아 죽이려고 모의를 하기 시작했습니다.

예수님께서는 십자가를 이미 알고 계셨기 때문에 묵묵히 당신의 일을 계속하셨습니다. 예수님께서는 잡히시기 전날 밤에 제자들과 1,500년의 역사를 가진 유월절을 성찬식으로 바꾸시고, 다음날 산헤드린 공회에 의해 체포당하십니다. 그리고 산헤드린 공회 재판과 빌라도 재판을 거쳐 로마의 처형법인 십자가를 지셨습니다. 산헤드린 공회는 그들이 예수를 처벌했다고 생각했지만, 예수님께서는 하나님의 어린양과 왕 같은 제사장으로 십자가에 오르셔서 모든 인생들을 죄에서 구원하시는 대역사를 이루셨습니다.

30. 십자가 승리, 하나님 나라

"영광과 평화로의 초대"

요

예수님을 십자가에 못 박아 죽게 한 예루살렘 성전의 대제사장들과 산헤드린 공회는 예수님으로 인해 일어난 유대 사회의 모든 종교적인 문제들은 이제 다 해결되었다고 생각했습니다. 그리고 그들은 끝까지 주도면밀하게 로마의 총독 빌라도를 움직여 예수님의 무덤을 로마의 군인들로 하여금 지키게까지 했습니다.

그러나 로마 군인들이 무덤을 지켜도 예수님은 사망 권세를 이기시고 부활하셨습니다. 그래서 모든 자들에게 부활의 증인이 되셨고, 주의 백성들을 영광과 평화의 자리로 초대하셨습니다.

영광과 평화로의 초대인 〈십자가 승리, 하나님 나라〉는 크게 6개의 줄기로 살펴볼 것입니다.

① 계약과 관계의 신비
② 예수님 곁에서
③ 부자 요셉의 헌신
④ 부활의 첫 증인
⑤ 제자들을 찾아오심
⑥ 예수님의 승천과 제자들 파송

예수님의 십자가는 공의의 하나님 앞에 죄에 대한 처벌이고 심판입니다. 세상 모든 사람들이 죄에 대해 처벌받아야 하는 것을 예수님께서 대신 홀로 담당하시고 십자가 위에 올라가셔서 처벌받으신 것입니다. 그러나 십자가에는 그렇게 죄와 처벌이라는 계약만이 있는 것이 아닙니다. 십자가에는 관계의 신비도 담겨 있습니다. 십자가의 보혈을 통해 하나님과 죄인이었던 우리 사이에 막힌 담이 허물어지고, 우리가 하나님을 아버지라 부르는 길이 열렸기 때문입니다.

하나님께서는 북이스라엘을 멸망시키는 과정에서 호세아 선지자를 통해 북이스라엘을 멸망시키겠다고 말씀하시고는 스스로 마음을 돌이켜 마음속에 긍휼이 온전히 불붙듯 하신다고 말씀하셨습니다. 공의의 하나님께서는 죄에 대해 반드시 처벌하셔야 하지만, 더 깊은 마음속에는 용서에 대한 열정과 측량할 수 없는 크고 깊은 사랑이 있음을 드러내셨습니다. 그래서 십자가는 죄에 대한 처벌이자, 하나님의 긍휼과 은혜와 사랑인 것입니다.

하나님의 사랑의 본체이신 예수님께서 이 땅에 태어나실 때에는 가난한 요셉의 헌신이 있었습니다. 그리고 예수님께서 십자가에 죽으시고 무덤에 장사되실 때에는 부자 요셉의 헌신이 있었습니다. 무덤에 장사되신 예수님께서는 사망 권세를 이기시고 3일 만에 다시 살아나셨습니다. 로마 군인들이 무덤을 지켰지만 아무 소용없었습니다. 로마 군인들은 사실 부활의 첫 증인이 될 수도 있었는데 예루살렘 성전의 대제사장들이 그들의 입을 막아버렸습니다.

그러나 그럼에도 불구하고 예수 그리스도의 부활은 새벽에 예수님의 무덤을 찾아갔던 여인들에 의해 밝히 드러났고, 부활하신 예수님께서 직접 제자들에게 나타나심으로 어느 누구도 감출 수 없게 되었습니다. 부활하신 주님은 40일 동안 이 땅에 계시다가 하늘 아버지 우편으로 승천하셨습니다. 그리고 예수님께서는 말씀하신 대로 이 땅에 다시 오실 것입니다. 부활 승천하신 예수님을 본 예수의 증인들은 땅끝까지 그 사실을 전하였습니다.

6

사도행전 30년

30 Years of Acts

"그리스도인 탄생과 전도여행"

31. 열리는 제자 시대

"그리스도인의 시작"

행 1-12장

사망 권세 이기시고, 부활하시고, 승천하신 예수님께서 말씀하신 대로 성령님을 보내주셨습니다. 그러자 성령을 받은 제자들이 예수의 이름으로 능력을 행하고 하나님의 은혜의 복음을 전하며 주의 몸 된 교회를 함께 세웠습니다. 예수님의 제자들은 예수님과 3년간 함께하면서도 깨닫지 못했던 '함께'의 의미를 비로소 깨닫게 된 것입니다. 그러자 예루살렘 교회는 하나님께서 그토록 원하셨던 '모든 민족'을 위한 아름다운 공동체가 되어 열리는 제자 시대를 펼쳐가기 시작했습니다.

그리스도인의 시작인 〈열리는 제자 시대〉는 크게 5개의 줄기로 살펴볼 것입니다.

① 증인이 된 제자들
② 오순절 성령 강림
③ 변화된 제자들
④ 일곱 집사 선출과 스데반 순교
⑤ 사울의 회심과 고넬료 사건

예수님의 제자들은 예수님께서 십자가를 지실 때에 다들 무서워서 도망가기에 바빴었습니다. 그들은 그만큼 힘이 없고 약했던 것입니다. 그런데 부활하시고 승천하신 주님을 뵙고, 예수님의 말씀에 순종하여 합심하여 모여 기도하자 성령을 받고 새사람들이 되었습니다. 그리고 담대하게 '예수는 주'라고 증언하는 예수의 증인의 삶을 살기 시작했습니다.

예루살렘 성전은 건물 성전이었으나, 예루살렘 교회는 '예수는 주'라고 고백하는 성도들 그 자체였습니다. 즉, 성도가 교회이고 성도들의 모임이 교회인 것입니다. 초기교회인 예루살렘 교회는 하루가 다르게 성장했으며, 사도가 된 예수님의 제자들은 예수님의 가르침을 열심히 전했습니다. 그리고 초기교회는 일곱 집사를 세워 구제와 나눔과 성도 돌보는 일을 담당하게 하여 사도들이 가르침에 더욱 매진할 수 있게 했습니다.

이처럼 예루살렘 교회가 예루살렘 사회에 획기적인 변화를 일으키자 변화를 원하지 않는 예루살렘 성전의 대제사장들과 산헤드린 공회원들은 사도들과 집사들을 체포하여 재판에 회부하는 등 예수님 때처럼 복음에 대해 온갖 방해를 하기 시작했습니다. 결국 산헤드린 공회는 예루살렘 교회의 집사 가운데 스데반을 죽였습니다.

이렇게 하여 그들은 예루살렘에서는 자신들이 가지고 있는 종교 기득권 외에 어떤 다른 힘도 존재하지 않게 하려고 했습니다.

그런데 예루살렘 성전의 대제사장들과 산헤드린 공회 내부에서 생각지도 못한 문제가 발생하고 말았습니다. 산헤드린 공회의 핵심 지지자라 할 수 있는 사울이라는 청년이 다메섹으로 예수를 믿는 자들을 잡으러 가다가 부활하신 예수를 만나 그가 그리스도인이 된 것입니다.

그리고 예루살렘 교회 내부에서는 사도 베드로가 로마의 백부장인 고넬료를 만나 이방인에 대한 생각을 바꾸는 계기가 발생했습니다. 이 두 사건은 복음이 유대를 넘어 이방인에게까지 뻗어갈 수 있는 놀라운 원동력이 되었습니다.

32. 바울의 1차 전도여행

"샘플, 바울의 전도여행"

행 13장-15:35

산헤드린 공회가 그들이 가진 종교 권력을 가지고 종교재판을 통해 스데반 집사를 돌로 쳐 죽일 때에 그 자리에서 스데반 집사의 죽음에 적극적으로 가담했던 한 유대 청년이 있었는데 그가 바로 사울이었습니다. 사울은 예루살렘 성전의 대제사장들이 예수에 대해 퍼뜨린 거짓말을 믿었습니다. 예수님을 신성모독자이고, 성전 모독자이고, 거짓말쟁이라고 믿은 것입니다. 그래서 사울은 '예수는 주' 라고 증언하는 자들을 잡아 죽여야 한다고 확신했던 것입니다.

사울은 스데반이 유대의 율법에 따라 돌에 맞아 죽는 것이

옳다고 생각했었습니다. 그리고 더 나아가 다메섹에 있다는 예수를 믿는 사람들까지 다 체포해 스데반처럼 율법에 따라 처형해야 한다고 믿었습니다.

그래서 사울은 산헤드린 공회 공문을 받아가지고 다메섹에 있는 예수 믿는 사람들을 체포하기 위해 길을 나섰던 것입니다. 그런데 그 여정에서 부활하신 예수님을 만났습니다. 그러자 사울은 그동안 그가 배운 모든 율법과 선지자의 완성이 바로 예수라는 사실을 깨닫게 됩니다.

산헤드린 공회의 의장이었던 가말리엘에게 율법을 배웠던 사울은 예수님을 만난 그 순간 제사장 나라가 예수님을 통해 하나님 나라 안에 모두 담겼다는 것까지 깨달았습니다. 그러자 그때로부터 사울은 죽는 날까지 흔들림 없이 사도 바울이 되어 '예수는 주' 라고 증언했습니다.

이방인을 위한 사도로 부르심을 받아 1,2,3차에 걸쳐 전도여행을 떠났던 사도 바울의 첫 전도여행이었던 〈1차 전도여행〉은 크게 3개의 줄기로 살펴볼 것입니다.

① 안디옥 교회의 파송
② 바울의 1차 전도여행
③ 예루살렘 공의회

예루살렘 교회에 큰 기쁜 소식이 전해졌습니다. 사마리아에 주의 아름다운 복음이 들어가더니, 더 나아가 안디옥에도 주의 귀한 복음이 들어가 예수를 믿는 사람들이 생겨났다는 것입니다. 그러자 예루살렘 교회는 예루살렘 교회의 가장 귀한 일꾼 가운데 한 사람인 바나바를 안디옥으로 파송하기로 결정합니다. 이에 바나바가 다소에 머무르고 있던 바울에게 안디옥으로 함께 가기를 청합니다. 바울이 교회 안으로 들어올 수 있도록 바나바가 복음 안에서 바울을 품어준 것입니다.

안디옥에 들어간 바나바와 바울은 안디옥 교회를 튼튼한 교회로 서게 합니다. 그리고 안디옥을 베이스캠프로 하여 바울과 바나바가 갈라디아 지역으로 전도여행을 나섭니다. 2년간 바울과 바나바는 갈라디아 지역에 주의 복음을 전파하여 많은 사람들로 하여금 '예수는 주'라고 고백하게 하고 예수를 믿게 합니다.

1차 전도여행을 마치고 바울과 바나바는 예루살렘 교회에 와서 전도 보고를 합니다. 이때 이방인 전도를 위해 아브라함 때에 시작된 할례는 유대인의 전통이 되게 하고, 복음을 위해서는 할례가 복음의 방해가 되지 않게 하는 예루살렘 공의회의 귀한 결론까지 도출시킵니다.

33. 바울의 2차 전도여행

"샘플, 바울의 전도여행"

행 15:36–18:22, 살전, 살후, 갈

2년 동안 갈라디아 지역에 주의 복음을 전했던 바울과 바나바가 또다시 전도여행을 떠나기로 합의를 합니다. 지난 2년간의 전도여행은 말로 다할 수 없는 고난과 역경의 시간이었지만, 주의 복음을 전하는 일을 쉴 수 없다는 것이 그들의 결정이었습니다. 바울과 바나바 모두 복음의 열정으로 가득했기 때문에 어떤 어려움과 난관을 뚫고라도 끝까지 주의 귀한 복음을 전하겠다는 각오였습니다. 그런데 그들에게 타협할 수 없는 작은 문제가 발생하게 됩니다.

바로 마가 문제였습니다. 1차 전도여행 중 마가가 중간에 돌아가 버렸던 사건이 있었습니다. 때문에 바울은 마가를 전도여행에 다시 합류시키는 것에 대해 반대를 하고 나선 것입니다. 바나바는 지난번 일을 용서하고 다시 마가에게 기회를 주자고 한 반면, 바울은 복음 전도의 중차대한 일에 마가가 또다시 중간에 돌아가는 일이 발생한다면 곤란하니 이번 여행에는 마가를 데려가지 말자고 주장했습니다.

두 사람은 이 일에 대해 서로 복음을 위한 주장을 굽히지 않다가 결국 두 팀으로 나누어 전도여행을 계속하기로 합니다. 사도행전은 2차 전도여행 중간에 합류하게 된 역사가이자 의사인 누가가 기록한 것이므로 바울과 실라가 함께한 2차 전도여행이 기록된 반면 바나바와 마가 팀의 전도여행은 기록되지 못했습니다.

그러나 바나바와 마가의 전도여행 또한 매우 소중한 하나님의 일이었음에 틀림없습니다. 이후에 바울이 디모데에게 마가를 데려오라고 한 것이 그 증거입니다.

이 과에서는 바나바와 헤어져 실라와 함께 전도여행을 떠난

〈바울의 2차 전도여행〉을 5개의 줄기로 살펴볼 것입니다.

① 바울과 바나바의 다툼
② 2차 전도여행
③ 데살로니가 교회에 보낸 첫 번째 편지
④ 데살로니가 교회에 보낸 두 번째 편지
⑤ 갈라디아 교회에 보낸 편지

2차 전도여행으로 실라와 복음 전도여행을 나선 바울은 먼저 1차 전도여행 중에 복음을 전했던 곳들을 다시 돌아볼 계획이었습니다. 그런데 드로아에서 성령께서 바울과 실라, 그리고 이때부터 전도팀에 새롭게 합류한 누가 등을 마케도니아로 인도하셨습니다. 복음이 드디어 유럽으로 넘어가게 된 것입니다. 유럽의 마케도니아와 그리스에 복음을 전한 2차 전도여행 중 바울은 고린도에서 복음을 전하는 중에 디아스포라 유대인들의 방해로 아주 짧은 시간밖에 머물지 못했던 데살로니가에 복음이 전해졌다는 소식을 듣게 됩니다.

이에 감사한 마음으로 다 전하지 못한 복음을 편지에 적어 보내는데 그 편지가 바로 〈데살로니가전서〉와, 〈데살로니가후서〉입니다. 그리고 이어서 바울은 갈라디아 교회에 또한 복음 편지를 써서 보냅니다. 이 3통의 편지가 바울의 2차 전도여행 중에 기록된 복음 편지들입니다.

34. 바울의 3차 전도여행

"샘플, 바울의 전도여행"

행 18:23-19장, 고전, 고후

1차 전도여행은 2년간 행했고, 2차 전도여행은 3년에 걸쳐 행했습니다. 그리고 계속된 3차 전도여행은 4년에 걸쳐 이루어졌습니다. 바울의 3차 전도여행은 특히 에베소에서 2년여 간 두란노 서원을 통해 제자들을 길러낸 점이 두드러집니다.

〈바울의 3차 전도여행〉은 크게 4개의 줄기로 나누어집니다.

① 3차 전도여행

② 고린도 교회에 보낸 첫 번째 편지

③ 고린도 교회에 보낸 두 번째 편지

④ 고린도 교회에 보낸 세 번째 편지

바울은 2차 전도여행 중 유럽의 관문 마케도니아에서 복음을 전하면서 빌립보 교회, 데살로니가 교회, 베뢰아 교회를 세웠고, 그리스로 넘어가 아덴(아테네)과 고린도(코린트)에 복음을 전하며 교회를 세웠습니다. 그런데 바울이 3차 전도여행 중 에베소에 복음을 전하는 와중에 고린도 교회에 여러 가지 문제들이 발생했다는 소식을 접하게 되었습니다.

바울은 에베소에서의 일정상 곧바로 고린도에 갈 수 있는 형편이 되지 못하자 먼저 고린도 교회에 편지를 써서 보냈습니다. 그것이 〈고린도전서〉입니다. 그런데 고린도 교회는 사도 바울의 편지를 받고 바울에 대한 오해를 더할 뿐이었습니다.

그러자 바울이 두 번째 편지를 써서 고린도 교회에 또 보냅니다. 그 편지가 고린도후서 10장에서 13장까지입니다. 바울은 고린도 교회에 보내는 두 번째 편지에서 그의 형편과 사정, 그리고 바울이 전도 과정 중 겪었던 고난에 대해 처음으로 상세히 적어 보내며 고린도 교회가 바울에 대해 오해하고 있는 점에 대해 그것이 옳지 못하다는 사실을 지적했습니다.

사도 바울은 고린도 교회에 두 번째 편지를 보내고 나서 그 편지로 인해 고린도 교회 성도들이 행여 바울에 대해 더 큰 오해를 하거나 상처를 받지는 않을까 노심초사하며 고린도에 직접 가려고 했습니다. 그런데 그때 고린도 교회로부터 정말 반가운 소식이 전해졌습니다. 고린도 교회 성도들이 바울의 두 번째 편지를 받고 대오 각성하며 크게 뉘우치고 교회 안에서 발생했던 많은 문제들을 해결하기 위해 노력하고 있다는 것입니다.

이에 바울이 기쁜 마음으로 다시 고린도 교회에 편지를 써서 보내고 얼마 후 고린도 교회를 방문하여 주 안에서 귀한 교제를 나누며 고린도 교회를 더욱 든든하게 세웁니다. 고린도 교회에 보낸 세 번째 편지가 고린도후서 1장에서 9장까지입니다.

그러므로 바울이 고린도 교회에 보낸 편지들은 〈고린도전서〉, 〈고린도후서〉 10장에서 13장, 그러고 나서 〈고린도후서〉 1장에서 9장까지를 읽어야 역사순으로 성경을 읽는 올바른 순서가 됩니다.

35. 바울의 예루살렘 여행

"샘플, 바울의 전도여행"

행 20-26장, 롬

사도 바울은 1,2,3차 진도여행을 모두 마치고 로마 교회의 도움을 받아 당시 사람들에게 땅끝이라고 알려져 있었던 서바나(스페인)까지 가서 복음을 전하고 싶었습니다. 그런데 사도 바울은 그 전에 예루살렘 교회를 방문해 마케도니아 지역의 교회들과 그리스의 고린도(코린트) 교회가 힘을 합해 귀하게 모은 헌금을 전달하고 그 교회들과 예루살렘 교회 사이에 네트워크를 만들고자 했습니다.

그래서 사도 바울의 전도여행은 1,2,3차 전도여행 이후 예루살렘으로의 여행까지 이어지게 된 것입니다. 〈바울의 예루살렘 여행〉은 크게 5개의 줄기로 나누어 살펴볼 것입니다.

① 로마 교회에 보내는 편지
② 로마서를 쓴 이유
③ 예루살렘으로 떠나는 길
④ 예루살렘에서 붙잡힌 바울
⑤ 가이사랴에서의 2년

사도 바울은 예루살렘으로의 여행을 앞두고 먼저 로마 교회에 편지를 써서 보냈습니다. 사실 사도 바울은 로마 교회의 성도들을 직접 만난 적이 없습니다. 그럼에도 불구하고 사도 바울이 로마 교회 성도들에게 편지를 써서 보낸 이유는 로마 교회 성도들과 주 안에서 먼저 교제를 하고, 더 나아가 로마 교회의 도움을 받아 당시 사람들에게 땅끝이라고 알려져 있었던 서바나(스페인)로 복음을 전하러 가기 위함이었습니다.

그렇게 〈로마서〉를 써서 로마 교회에 보내놓고, 사도 바울은 예루살렘으로 향했습니다. 그러나 예루살렘으로 가는 길은 쉽지가 않았습니다. 그동안 사도 바울의 1,2,3차 전도여행과정에서 바울이 '예수는 주'라고 복음을 전하는 곳마다 복음 전파를 방해하는 유대교 유대인들의 방해는 상상을 초월할 정도였습니다. 그들은 기독교 유대인이 된 사도 바울을 잡아다가 때리기도 하고, 옥에 가두기도 하며, 죽이려고까지 하는 일을 서슴지 않았었습니다. 그런데 이번에는 심지어 사도 바울을 죽이기 전에는 먹지도 않고 마시지도 않겠다고 결심한 암살단 유대교 유대인들이 자그마치 40명이나 되었던 것입니다.

그럼에도 불구하고 사도 바울은 예루살렘 교회를 방문해 헌금을 전달하고, 이방인 교회들과 예루살렘 교회 사이에 네트워크를 만들어야만 했습니다. 그러고 나서 서바나(스페인)로 복음을 전하러 가기로 마음먹었기 때문입니다.

사도 바울은 예루살렘까지는 무사히 잘 도착하여 헌금을 전달하고 그동안의 전도 내용을 잘 보고하는 것까지는 성공을 했습니다. 그런데 사도 바울이 예루살렘 성전에 올라갔다가 그만 잡히고 맙니다.

사도 바울은 그 틈에도 그들에게 주의 복음을 전했으나, 완고한 그들은 사도 바울을 잡아 죽이려고만 했습니다. 결국 로마의 천부장이 나타나 사도 바울의 목숨을 구해주고 밤중에 로마 군인 470명을 동원해 로마 시민 바울을 로마 총독과 로마의 군단이 머무르는 가이사랴로 이송해주었습니다. 사도 바울은 그곳에서 약 2년간 갇혀 지내면서 로마 황제의 재판을 기다리게 됩니다.

36. 교회론과 사랑의 편지

"바울의 편지들"

행 27-28장, 엡, 빌

사도 바울은 가이사랴에서 약 2년간 갇혀 지내다가 로마 황제에게 재판을 받기 위해 로마로 가게 됩니다. 로마에 도착한 사도 바울은 로마 황제의 재판을 받기 위해 그곳에서도 또다시 약 2년간 기다리는 시간을 보내게 됩니다. 그 기간 동안 사도 바울은 갇힌 상태이므로 바깥으로 나갈 수는 없었지만, 자신을 찾아오는 사람들은 만날 수 있었습니다.

로마에서 로마 황제의 재판을 기다리는 2년여 동안 사도 바울은 4편의 옥중서신을 써서 여러 교회들이 돌려가며 읽고 믿음을 굳게 할 수 있도록 돕습니다. 그 4편의 옥중서신은 에베소서, 빌립보서, 골로새서, 빌레몬서입니다. 이 과에서는 로마에 도착한 바울의 형편과 4편의 옥중서신 가운데 먼저 〈교회론과 사랑의 편지〉인 에베소서와 빌립보서를 살펴볼 것입니다.

① 로마에 도착한 바울
② 에베소 교회에 보낸 편지
③ 빌립보 교회에 보낸 편지

로마에 도착한 사도 바울은 황제의 재판 날짜가 정해질 때까지 죄가 확정되지 않은 신분으로 감옥 안에서의 연금 상태가 이어졌습니다. 사도 바울은 재판을 통해 로마 황제를 만나면 자신의 죄가 없음이 드러날 것임을 확신했으며, 로마 황제에게도 복음을 전할 수 있다고 생각했을 것입니다. 그러면서 사도 바울은 에베소 교회와 빌립보 교회, 그리고 골로새 교회와 개인 빌레몬에게 옥중서신을 써서 보냈던 것입니다.

먼저 로마 감옥에서 사도 바울이 에베소 교회에 편지를 써 보낸 이유는 에베소는 사도 바울이 4년에 걸친 3차 전도여행 중에 2년 이상 머물면서 복음을 전하며 교회를 세운 곳으로, 그곳에서는 특히 두란노 서원을 통해 제자들을 길러낸 곳이기도 했기 때문에 다른 어떤 곳보다 애정이 많은 곳이었습니다.

그리고 에베소는 지역 특성상 소아시아의 중심지라 할 수 있는 요충지로서 그곳을 통해 복음이 널리 퍼져나가기 좋은 곳이었습니다. 그래서 사도 바울은 에베소 교회에 편지를 보내 그 편지가 소아시아의 여러 교회로 퍼지기를 원했습니다. 에베소 교회에 보낸 바울의 편지는 '교회'가 무엇인지를 가르쳐준 '교회론'을 정리한 서신입니다. 그래서 그는 소아시아의 여러 교회들이 회람해서 읽으면서 '교회'에 대해 바로 알기를 원했습니다.

그리고 이어지는 빌립보서는 '사랑의 편지'라 할 수 있습니다. 사실 사도 바울은 여러 교회를 개척하고 사랑으로 교회들을 돌보았지만, 사도 바울 자신이 직접 장막을 짓는 일을 통해 자신이 쓸 것을 마련하며 복음을 전했기에 교회를 통해 사례를 받지 않았었습니다. 그런데 오직 빌립보 교회는 사도 바울과 사적으로도 깊은 관계가 형성되어 사도 바울에게 필

요한 것을 공급하는 사이였습니다. 그리고 빌립보 교회 성도들은 사도 바울이 옥에 갇히자 옥바라지까지도 하려고 했던 것입니다. 이러한 빌립보 교회에 사도 바울이 감사와 사랑을 표하며, 감옥에 있는 사도 바울이 오히려 빌립보 교회 성도들을 격려하기까지 한 것이 빌립보서의 내용입니다.

빌립보서는 주 안에서 사도와 성도들이 얼마나 아름다운 관계를 맺을 수 있는지를 보여줍니다. 그리고 사도 바울은 더 깊은 사랑을 실어 빌립보 교회 성도들이 사랑으로 서로를 더욱 섬길 것을 요구하며 그리스도의 사랑에까지 이르기를 원하고 있습니다.

37. 기독론과 기적의 편지

"바울의 편지들"

골, 몬

사도 바울은 로마 감옥에서 에베소서와 빌립보서를 써서 여러 교회들이 회람하여 읽게 했습니다. 그리고 사도 바울은 이어서 두 편의 편지를 더 썼는데 그 편지들이 바로 골로새서와 빌레몬서입니다.

〈기독론과 기적의 편지〉인 골로새서와 빌레몬서는 크게 2개의 줄기로 나누어 살펴볼 것입니다.

① 골로새 교회에 보낸 편지

② 빌레몬에게 보낸 편지

당시 골로새에는 온갖 철학과 이단들이 횡행하고 있었습니다. 이에 사도 바울은 골로새 교회에 이단에 대한 경각심을 갖게 하고, 오직 진리에 바로 서게 하기 위해 편지를 보냈습니다. 이 편지가 골로새서입니다.

예수님의 십자가, 부활, 승천, 그리고 성령의 역사가 초기교회에서 중요한 가르침이었는데 예수님께서 완전한 신이시고 동시에 완전한 인간이셨음을 오해하는 사람들이 생겨나면서 이단이 발생하게 된 것입니다. 이단들은 예수님께서 완전한 신이시기는 하셨지만, 완전한 인간은 아니셨다고 주장하기도 했고, 그 외에 여러 철학들을 혼합해 진리이신 예수 그리스도를 흠집 냈습니다.

사도 바울은 골로새 교회가 진리에 바로 설 것과, 하나님의 아들이신 예수 그리스도가 인간의 몸으로 이 땅에 오셔서 우리를 위해 십자가에서 물과 피를 흘려주심으로 우리를 죄에서 구원하시고 하나님의 자녀가 되게 하셨음을 가르쳐주었습니다. 사도 바울의 골로새서를 통해 초기교회의 많은 성도들은 복음에 바로 설 수 있었습니다.

사도 바울의 4편의 옥중서신 가운데 에베소서와 빌립보서와 골로새서는 모두 수신자가 교회인 반면 유독 빌레몬서만은 개인에게 보낸 편지라는 특성이 있습니다. 빌레몬서는 사도 바울이 그의 제자 빌레몬에게 보낸 1장의 짧은 편지입니다. 그러나 빌레몬서는 그 짧은 분량과 달리 기적의 편지라 할 수 있을 정도로 큰 울림이 있는 편지입니다.

당시 로마 제국은 수많은 식민지를 두고 여러 나라들을 통치했는데, 로마 제국은 무엇보다 제국의 법을 중요하게 여기는 나라였습니다. 그 가운데 특히 로마는 노예에 대한 법이 매우 엄격하기로 유명했습니다. 노예는 주인에게 속한 주인의 재산으로 만약 노예가 도망을 했을 경우 노예의 주인은 노예를 잡아 죽여도 죄가 없을 정도였습니다.

그런데 사도 바울의 제자였던 빌레몬의 집에 노예였던 오네시모가 도망쳐 로마까지 와서 사도 바울을 만나게 되고, 자신이 도망쳐 나온 노예라는 것을 밝힌 것입니다. 이에 사도 바울이 오네시모를 빌레몬에게 돌려보내면서 오네시모를 도망쳤던 노예로 받지 말고 주 안에서 형제로 맞이하라는 편지를 써 보낸 것입니다. 이것은 당시 로마 사회에서 획기적인 일이 아닐 수 없었습니다. 그런데 이 편지를 받은 빌레몬이 정말 오네시모를 형제로 받아들이고 초기교회에서 함께 주의 귀한 사역을 감당했던 것입니다. 그래서 이 짧은 한 장의 옥중서신이 기적의 편지가 된 것입니다.

38. 믿음의 아들에게 남긴 편지

"바울의 편지들"

딤전, 딛, 딤후

사도 바울은 로마에서 황제 재판을 기다리면서 재판이 시작되면 황제 앞에서 자신의 무죄를 증명하고 서바나(스페인)로 전도여행을 떠날 것을 소망했습니다. 그런데 예상치 못한 일이 발생했습니다. A.D.64년 로마에 대화재 사건이 발생한 것입니다. 그런데 화재 사건의 범인이 잡히지 않은 상태에서 당시 로마의 다섯 번째 황제인 네로가 일부러 로마 시내에 불을 질렀다는 소문이 나돌았습니다.

그러자 네로 황제가 자신에게 휩싸인 방화범의 죄를 기독교인들에게 뒤집어씌웠습니다. 그래서 갑자기 로마에 살고 있던 기독교인들이 로마 대화재 사건의 방화범이 되어 네로 황제에 의해 잔인하게 처형당하게 된 것입니다. 이때 초기교회 지도자들 가운데 200여 명이 처형당했습니다. 그 가운데 사도 바울도 처형을 당하게 되었습니다. 죽음을 목전에 두고 사도 바울은 믿음의 아들들에게 유언과 같은 편지를 써서 남긴 것이 이 세 통의 편지입니다.

사도 바울이 〈믿음의 아들에게 남긴 편지〉는 크게 3개의 줄기로 나누어 살펴볼 것입니다.

① 디모데에게 보낸 편지

② 디도에게 보낸 편지

③ 디모데에게 보낸 마지막 편지

에베소서가 에베소 교회에 보낸 공식 문건이라면, 디모데전서는 에베소 교회에서 목회하고 있는 사도 바울의 제자이자 젊은 주의 종에게 보낸 사적인 편지라 할 수 있습니다. 사도 바울은 디모데전서를 통해 에베소 교회에서 목회를 하고 있는 디모데에게 목회에 필요한 조언을 해주며, 목회 현장에서 일어나는 문제들을 어떻게 해결해야 하는지를 실천적인 면에서 권고해주고 있습니다. 그리고 사도 바울은 기독교를 흔드는 거짓 교사들에 대해서는 단호하게 대처할 것을 가르쳐 주었습니다.

디도서는 그레데 섬(크레타 섬)에서 목회하고 있는 사도 바울의 제자이자 젊은 주의 종 디도에게 보낸 바울의 목회서신입니다. 사도 바울은 젊은 주의 종의 목회를 돕기 위해 편지로 디도를 격려하며 교회의 올바른 지도자가 어떠해야 하는지를 가르쳐주고 있습니다. 당시 그레데 섬 사람들은 숨 쉬는 것 외에는 다 거짓말이라고 알려질 정도로 신의가 없는 사람들로 유명했습니다. 그런데 그곳에 교회를 어지럽히는 거짓 교사들까지 들어간 것입니다. 이에 사도 바울은 교회를 바로 세우고, 거짓 교사들이 더 이상 교회를 흔들지 못하도록 교회의 질서를 바로 세울 것을 디도에게 가르쳤습니다.

디모데후서는 디모데에게 보낸 두 번째 편지이자 사도 바울의 유언과 같은 마지막 편지라 할 수 있습니다. 순교를 앞둔 사도 바울이 믿음의 아들 디모데에게 자신은 곧 죽음을 맞이할 것이지만, 그것은 선한 싸움을 마치고 달려갈 길을 마친 하나님의 사람이 이제 면류관을 받기 직전의 기쁨이라고 디모데를 훈련시키고 격려했습니다. 그리고 앞으로 기독교에 큰 수난이 다가올 것이지만, 그럼에도 불구하고 바울이 크게 걱정하지 않는 것은 어려서부터 성경을 배운 디모데가 있기 때문이라고 말합니다. 이것이 선한 싸움을 마치고 의의 면류관을 기다리는 하나님의 사람의 아름다운 모습입니다.

7

공동서신 9권

The 9 Epistles

"로마 대화재 후 : 그리스도인과 로마 제국의 한판 승부"

39. 선한 싸움을 위한 편지

"선한 싸움 / No 악한 싸움"

히, 약, 벧전, 벧후, 유

공동서신 9권은 A.D.64년 로마 대화재 사건으로 인하여 초기 기독교가 로마 제국에게 핍박을 받기 시작하면서 기독교 지도자 200여 명이 순교하는 와중에 성도들을 격려하고 믿음을 굳게 하기 위해 사도들이 성도들에게 보낸 9편의 서신들입니다. 공동서신 9권의 특징은 선한 싸움을 반드시 이기고 믿음으로 승리해야 한다는 것입니다.

공동서신 9권 가운데 히브리서, 야고보서, 베드로전 · 후서, 유다서인 〈선한 싸움을 위한 편지〉는 크게 5개의 줄기로 나누어 살펴볼 것입니다.

① 믿음에 관한 편지
② 야고보의 편지
③ 베드로의 첫 번째 편지
④ 베드로의 두 번째 편지
⑤ 유다의 편지

히브리서는 누가 기록한 편지인지 정확하게 알려지지 않았으나 대략 복음의 1세대로부터 복음을 받은 복음의 2세대 가운데 한 사람이 쓴 편지라고 알려져 있습니다. 로마 제국이 성도들을 가혹하게 박해하자 믿음을 저버리거나, 유대교로 돌아가거나, 혹은 배교하거나 하는 사람들이 생겨났습니다. 히브리서 기자는 이들을 권면하면서 믿음을 굳게 지켜 최후 승리하는 그리스도인이 되라고 강권합니다.

야고보서는 예수님의 제자 야고보가 아닌 예수님의 동생 야고보가 기록한 편지로 예루살렘 교회를 책임지고 있던 사도 야고보가 당시 로마 제국의 박해로 말미암아 많은 어려움을 겪고 있던 성도들을 격려하기 위해 기록한 편지입니다. 그리고 신학적 오류를 바로잡고, 성도 간의 사랑을 회복해야 한다는 사도의 권고를 담고 있습니다.

베드로전서와 베드로후서는 사도 베드로가 성도들에게 쓴 두 편의 편지입니다. 사도 베드로가 편지를 쓴 이유는 환난 가운데 있는 성도들을 위로하고, 다가올 박해를 더 용기 있게 극복할 것과, 하나님의 은혜를 체험함으로 산 소망을 가지게 하고자 함이었습니다. 그리고 로마의 박해보다 더 큰 위험인 이단을 멀리하고, 오직 예수 그리스도를 아는 지식에 충만할 것을 권면했습니다.

유다서는 야고보와 같은 예수님의 동생인 사도 유다가 성도들에게 쓴 편지입니다. 당시 발생한 영지주의(영혼과 육체를 선과 악으로 이분법적으로 구분하는 이원론적인 사상)로 말미암아 초기교회에는 큰 혼란이 있었습니다. 사도행전 30년간은 유대교 유대인들의 방해가 있었고, 그 후로는 로마 제국의 박해가 있었는데 더 나아가 이단들이 성행함으로 초기교회는 그야말로 풍전등화와 같았습니다. 그러나 사도들의 편지는 복음을 방해하는 많은 요인들을 물리치는 넉넉한 힘이 있었습니다. 사도 유다의 편지 또한 당시 초기교회 성도들의 믿음을 굳게 하는 데 큰 힘이 되었습니다.

사도 유다는 믿음을 위한 싸움에 최선을 다할 것과, 예수 그리스도를 믿는 믿음을 더욱 굳게 할 것, 그리고 미약한 성도들을 믿음의 도와 진리로 보호할 것을 성도들에게 권면했습니다.

40. 최후 승리의 노래

"최후 승리 확신 / No 의심"

요일, 요이, 요삼, 계

사도 요한은 예수님의 12제자들 가운데 가장 나이 어린 제자였습니다. 그래서 요한은 특히 예수님께 사랑을 많이 받았다고 스스로 기록하고 있습니다. 사도 요한은 자신을 표현하면서 '예수님의 사랑하시는 그 제자' 라고 말하며 자신이 예수님께 넘치는 사랑을 받았다는 사실을 밝혔습니다.

요한은 예수님께서 산헤드린 공회에 체포당하시자 무서워 도망쳤던 다른 제자들과 달리 예수님의 십자가 아래까지 따라가 예수님의 어머니를 돌볼 것을 부탁받기까지 한 제자입니다. 그리고 예수님께서 부활하시고 승천하신 후, 자신의 형인 야고보가 예수님의 제자들 가운데 가장 먼저 순교하는 것을 지켜본 제자이기도 했습니다.

그런 요한이 나이 들어 초기교회를 책임지는 교회의 지도자가 된 것입니다. 로마 대화재 사건 이후 초기교회가 큰 어려움을 당하게 되자 사도 요한은 성도들을 격려하고, 믿음을 굳게 하기 위해 편지들을 써서 여러 교회에 보냈습니다.

그리스도인의 최후 승리를 노래한 이 과는 크게 6개의 줄기로 나누어 살펴볼 것입니다.
① 요한의 첫 번째 편지
② 요한의 두 번째 편지
③ 요한의 세 번째 편지
④ 일곱 교회를 향한 권면
⑤ 미래에 대한 환상
⑥ 새 하늘과 새 땅

사도 요한은 요한일서와 요한이서, 그리고 요한삼서를 각각 기록했습니다. 요한일서는 당시 초기교회를 뒤흔들었던 영지주의를 경계하고, 초기교회를 굳게 서게 하기 위해 기록된 편지입니다. 사도 요한은 편지를 통하여 구원의 유일한 길은 예수 그리스도에 관해 올바른 지식을 갖는 것임을 강조했습니다.

요한이서는 사도 요한이 당시 에베소에 머물면서 온갖 궤변으로 성도들을 미혹하게 하는 거짓 교사들을 경계하고, 실천적 사랑을 강조하기 위해서 성도들에게 써 보낸 편지입니다.

그리고 요한삼서는 당시 복음 전도자들을 돌보는 일로 많은 사람들에게 칭찬받고 있던 가이오를 축복하고 격려하기 위해 사도 요한이 가이오에게 써 보낸 편지입니다. 가이오는 복음 전도자들이 자기 마을을 지나면 그를 자기 집에 초대해 온갖 필요를 채워주며 복음 전도자가 다시 힘을 내어 복음을 전할 수 있도록 도왔습니다. 사도 요한은 하나님께서 그를 축복하시어 그의 영혼이 잘됨과 같이, 범사가 잘되고, 강건하기를 기도했습니다. 이 축복은 가이오와 같이 주의 사랑을 직접 실천한 사람이 받을 복임을 기억해야 합니다.

그리고 성경의 마지막 책인 요한계시록은 요한이 노년에 로마 제국에 의해 밧모 섬에 유배된 상태에서 하나님께서 주신 환상을 보고 그리스도인의 최후 승리를 노래하며 기록한 계시의 말씀입니다. 요한계시록을 통해 당시 성도들은 로마 제국의 박해를 이겨낼 힘을 얻었습니다. 그리고 그리스도는 반드시 승리하시며 승천하셨던 모습으로 다시 재림하셔서 주의 자녀들을 하나님 우편으로 인도하실 분임을 알게 되었습니다.

사도 요한은 만물을 새롭게 하실 주 예수 그리스도를 찬양하며, 그리스도의 승리와 주를 믿는 그리스도인의 최후 승리를 노래했습니다. 그리고 속히 오겠다고 말씀하신 예수님의 말씀을 증거하고, 주 예수의 은혜가 모든 사람들에게 있기를 기도하며 그의 승리의 노래를 마쳤습니다.